Business-Sprech 3

Business-Sprech 3

Karriere-Vokabular
für Weit-Fortgeschrittene

Christian Dietrich

Bibliografische Informationen
der Deutschen Nationalbibliothek:
Die Deutsche Nationalbibliothek verzeichnet diese
Publikation in der Deutschen Nationalbibliografie,
detaillierte bibliografische Daten sind im Internet
über dnb.d-nb.de abrufbar.

Verlag: BoD · Books on Demand GmbH, Überseering 33,
22297 Hamburg, bod@bod.de

Druck: Libri Plureos GmbH, Friedensallee 273,
22763 Hamburg

ISBN: 978-3-8192-7917-1

Vorwort

Kein Buch entsteht im Alleingang – und schon gar keines, das Verstand, Herz und Humor vereinen soll. Dieses Werk ist das Ergebnis vieler Gespräche, Gedanken und der Unterstützung von Menschen, die mir nahestehen.

Mein tiefster Dank gilt deshalb meiner Frau, Prof. Dr. Gabriele Roth-Dietrich, deren kluge Gedanken, feine Rückmeldungen und unermüdliche Geduld dieses Projekt auf so vielen Ebenen bereichert haben. Ihre Liebe, ihre kritischen Fragen und ihre künstlerischen Skizzen haben das Buch nicht nur begleitet, sondern geformt. Ihre Perspektiven haben mir geholfen, komplexe Themen klarer zu sehen und verständlicher zu vermitteln.

Meine beiden Kinder, Dorian und Rafael, echte Alltagsphilosophen, haben mich mit ihren neugierigen Fragen zu Fachbegriffen immer wieder zum Nachdenken (und Schmunzeln) gebracht. Sie haben verstanden, dass Papa abends manchmal keine Zeit für Autofahrten oder Teenager-Diskussionen hatte, sondern über kuriose Ausdrücke aus der Welt der Fachsprache sinnierte. Ihre ehrlichen Kommentare haben mich oft dazu gebracht, Fachbegriffe aus einem neuen Blickwinkel zu betrachten.

Ein besonderer Dank geht an meinen besten Freund Jochen Koblenz, der mit einer produktiven Auszeit und ehrlichen Gesprächen oft genau das richtige Gegengewicht zu Bildschirm und Denkblockade war, und mir geholfen hat, den Kopf freizubekommen und neue Energie zu schöpfen. Seine Freundschaft ist ein Anker in bewegten Zeiten.

Auch meiner Mutter Hilde Dietrich danke ich für ihre praktische Unterstützung – immer dann, wenn es still im Haus sein musste, weil der Kopf laut war.

Und nicht zuletzt: Danke an all jene Leserinnen und Leser, die mich mit ihren Rückmeldungen, Fragen und kleinen Anekdoten ermutigt haben, dieses Buch zu schreiben. Ihre Perspektiven haben mir gezeigt, wie wichtig es ist, Fachwissen zugänglich und verständlich zu machen. Es ist für alle, die sich durch Fachbegriffe nicht länger ausschließen lassen wollen – und für alle, die merken: Verstehen macht Spaß.

Speyer, im Mai 2025

Christian Dietrich

Inhalt

Prolog

Warum dieses Buch? Die Antwort ist ebenso simpel wie ambitioniert: Es möchte Barrieren abbauen – insbesondere jene sprachlicher Art. Wer sich schon einmal in einem Gespräch über Management, Wirtschaft oder Unternehmensführung wiedergefunden hat und dabei an sperrigen Begriffen oder vermeintlichem Fachjargon gescheitert ist, weiß: Sprache kann ausschließen. Dieses Buch will genau das verhindern.

Ziel ist es, Neugierige, Studierende und alle Interessierten[1] in die Lage zu versetzen, bei wirtschaftlichen Themen mitreden zu können – oder zumindest souverän mitzukommen. Ob es um Grundlagen geht oder um spezielle Fachbegriffe, hier sollen die Stolpersteine verständlich erklärt und Unsicherheiten abgebaut werden. Ganz gleich, ob Sie sich auf dem Weg in eine Führungsposition befinden, Ihr betriebswirtschaftliches Wissen ausbauen oder schlicht die „Sprache der Chefetagen" besser verstehen möchten – dieses Buch möchte dabei unterstützen.

Denn oft liegt der Unterschied zwischen Mitreden und Abgehängtwerden nicht im Wissen, sondern in der Sprache. Wer Begriffe nicht kennt oder falsch einordnet, läuft Gefahr, Chancen zu verpassen oder gar in unangenehme Missverständnisse zu geraten. Falls Sie über eine

---

[1] Die im Folgenden verwendeten Personenbezeichnungen beziehen sich gleichermaßen auf weibliche, männliche und diverse Personen. Auf eine Doppelnennung und gegenderte Bezeichnungen wird zugunsten einer besseren Lesbarkeit verzichtet.

Abbildung stolpern, die Ihnen noch Rätsel aufgibt – bleiben Sie neugierig, die Antwort ist nicht weit.

Besonders freue ich mich übrigens immer dann, wenn ich unterwegs – etwa im Zug, am Flughafen oder an Hochschulen – Lesern begegne, die gerade in einem meiner Bücher schmökern. In solchen Momenten komme ich gern ins Gespräch und hole mir direkt persönliches Feedback ein.

0 – 9

24/7

24/7 ist eine Abkürzung für „**24 Stunden am Tag, 7 Tage die Woche**" und wird verwendet, um auszudrücken, dass etwas oder jemand kontinuierlich oder rund um die Uhr verfügbar oder aktiv ist. Insbesondere bei Top-Entscheidern gehört dies zum Grundverständnis und führt nicht selten zu Überlastung, Burn-Out und anderen unschönen Manager-Erkrankungen.

7S-Modell

Mit diesem Modell wird ein Unternehmen in sieben Faktoren untergliedert, die für den betrieblichen Erfolg wichtig sind. Die sieben Elemente, die das höchste Unternehmensziel (i. d. R. Gewinnmaximierung) unterstützen sollen, lauten: **S**truktur, **S**trategie, **S**ysteme, **S**pezialfähigkeiten (Skills), **S**taff (Personal), **S**til sowie **S**hared Values.

A

A/B-Testing

Ein **A/B-Test** vergleicht **zwei Varianten** einer Sache, um herauszufinden, **welche besser funktioniert**. Dabei wird z. B. einer Hälfte der Website-Besucher Version A einer Webseite (mit einem bestimmten Bild oder Text) angezeigt und der anderen Hälfte Version B (mit alternativen Texten oder Bildern). Am Ende schaut man, **welche Version mehr gewünschte Aktionen ausgelöst hat** – zum Beispiel, welcher Button mehr Klicks erhielt –, um die **effektivere Variante künftig bei allen einzusetzen.**

abschichten

Abschichten als Begriff kennen die Juristen unter meinen Lesern, sofern sie in Nordrhein-Westfalen oder Niedersachsen studiert haben. Dort kann man nämlich Klausuren aus verschiedenen Rechtsgebieten „splitten". Dieses Abschichten ist damit nicht gemeint, trifft aber dennoch ziemlich gut, was man in Führungsetagen darunter versteht. Man geht **komplexe Entscheidungen**, Projekte oder Aufgabenstellungen so an, dass man **vom Wichtigsten zum weniger Wichtigen „abschichtet"** und somit wieder bearbeitbare Arbeitsbündel generiert.

ad libitum

Ad libitum ist lateinisch und bedeutet "**nach Belieben**" oder "nach Wunsch". Das ist der Anspruch fast aller Führungseliten, aber meist schränken dann doch Share- und

Stakeholder oder eben Gesetze und Vorgaben diesen Anspruch ein.

Advance-Decline-Line

Die **Advance-Decline-Line** – auch bekannt als AD-Linie – ist ein Finanzindikator, der in der Analyse von Börsenkursen und Marktstimmungen verwendet wird. Sie verfolgt die Anzahl der Wertpapiere (Aktien, Anleihen, etc.), die in einem **Marktindex** oder an einer Börse an einem bestimmten Tag **gestiegen (Advance) oder gefallen (Decline)** sind. Die AD-Linie hilft dabei, das Kräfteverhältnis zwischen steigenden und fallenden Werten im Markt zu erfassen.

agile Organisation

Agile Organisation ist in aller Entscheider-Munde, denn man möchte in modernen Unternehmen eine Organisationsstruktur und -kultur, die sich durch **Anpassungsfähigkeit, Flexibilität und schnelle Reaktion auf Veränderungen** auszeichnet. In einer agilen Organisation werden traditionelle hierarchische Strukturen und starre Prozesse oft zugunsten von dezentralisierten Entscheidungsbefugnissen, interdisziplinären Teams und iterativen Arbeitsmethoden aufgebrochen.

Agio / Disagio

Agio und Disagio sind Begriffe aus dem Finanzwesen, insbesondere im Zusammenhang mit der Bewertung von Wertpapieren. Das Agio (ital. Bonus), bezeichnet den **Aufschlag** oder die **Differenz zwischen dem Nennwert und dem Ausgabepreis von Wertpapieren** wie Anleihen, Aktien oder Investmentfondsanteilen. Es wird üblicherweise als Prozentsatz angegeben und stellt die Gebühr dar, die Investoren zahlen, um ein solches Wertpapier zu kaufen. Das Agio ist Kostenfaktor und spielt (oft) eine entscheidende Rolle bei der Beurteilung der Rentabilität einer Investition.

Disagio beschreibt den **Abschlag** oder die **Differenz zwischen dem Nennwert und dem Ausgabepreis von Wertpapieren.** Im Gegensatz zum Agio, das eine Gebühr für den Kauf von Wertpapieren darstellt, bedeutet Disagio eine Ermäßigung des Nennwerts, die Investoren beim Kauf von Wertpapieren gewährt wird. Es wird ebenfalls oft als Prozentsatz angegeben und kann dazu dienen, den Kaufpreis von Wertpapieren zu senken. Jedoch kann das Disagio auch als Anzeichen für eine schwächere Bonität des Emittenten des Wertpapiers interpretiert werden.

AIDA-Modell

AIDA-Modell ist keine Werbung für die namensgleiche Kreuzfahrtlinie, sondern ein Werbewirkungskonzept, das den Prozess beschreibt, wie ein potenzieller Kunde von einem Produkt oder einer Dienstleistung erfährt, Interesse daran entwickelt und ein Verlangen danach verspürt, was schließlich zum Kauf führt. Der Name AIDA ist ein Akronym für die vier Stufen dieses Prozesses: **A**ttention (Aufmerksamkeit), **I**nterest (Interesse), **D**esire (Begierde / Verlangen) und **A**ction (Handlung). Das AIDA-Modell wird häufig als Leitfaden für die Entwicklung von Marketingkampagnen und -strategien verwendet, um potenzielle Kunden durch den gesamten Verkaufsprozess zu führen und sie zur Handlung zu motivieren. Das Modell ist allerdings umstritten, da menschliches Verhalten auf komplexeren Verhaltensmustern basiert.

Airtime

Airtime meint nicht die Flugzeit im eigentlichen Sinne, aber kommt dem dennoch nahe. Es bedeutet, **wieviel Zeit man als Führungskraft im Mittelbau mit dem Chef** (also der Person ganz oben in der Hierarchie) **verbringt**. Gut wenn man zu Höhenflügen ansetzen will.

aktive vs. passive Bewerber

Die einen **suchen aus eigenem Antrieb nach einer neuen Stelle** (aktive Bewerber) und tun viel dafür, um von Unternehmen gesehen und eingestellt zu werden. Die anderen **suchen nicht aktiv nach einer neuen beruflichen Herausforderung, wären aber dadurch offen und ansprechbar (passive Bewerber)**. Insbesondere der Markt um passive Bewerber ist ein Goldfischteich, in dem immer mehr Unternehmen fischen, da der Mangel an (qualifizierten) Arbeitskräften ungebrochen ist. Insbesondere wenn man weiß, dass ca. 2/3 der Beschäftigten in Deutschland sich einen Arbeitsplatzwechsel konkret vorstellen könnten. Damit ist klar, dass die Unternehmenslenker ihr HR anweisen sollten, eine Angel zu kaufen und in diesem vielversprechenden Teich zu fischen.

All-time-high

Wie schön, wenn man im Jahresbericht die Aussage über ein **Rekordergebnis** ausgeben darf. Erstaunlicherweise hört man All-time-low-Nachrichten üblicherweise nicht.

ALPEN-Methode

Holeradudeliöh! Die **ALPEN-Methode** bietet eine strukturierte Möglichkeit, den Alltag zu organisieren. Diese Technik, entwickelt von Lothar J. Seiwert, ermöglicht es, in nur wenigen Minuten pro Tag einen schriftlichen Tagesplan zu erstellen. Die Methodik umfasst fünf zentrale Schritte und ist ein Akronym für **A**ufgaben, Termine und geplante Aktivitäten notieren, **L**änge schätzen, **P**ufferzeiten einplanen, **E**ntscheidungen treffen und **N**achkontrolle. Klar, dass viele Leader diese Methode nutzen. Nur Mut in der Anwendung, sie kann auch für andere Arbeits- und Lebensbereich sehr gut eingesetzt werden.

am Ende des Tages

Am Ende des Tages ist ein gerne benutzter Ausspruch von Chefs, um ein **Resümee** sprachlich einzuleiten und dies dann im Anschluss **zu ziehen**. Das kann im Übrigen positiv oder eben auch negativ sein. Am Ende des Tages ist man immer schlauer als am Morgen davor.

Analyse-Synthese-Konzept

Dieser Methodik bedienen sich immer mehr Führungskräfte, denn dabei werden **Probleme und Fragestellungen auseinandergenommen**, um ihre **Komplexität zu reduzieren** und die Einzelteile einer Aufgabe besser zu verstehen. Dies erleichtert die Identifizierung von Mustern und Zusammenhängen. Kreative Ansätze werden dabei eher gefunden.

angebotsinduzierte Nachfrage

Angebotsinduzierte Nachfrage ist ein verlockender und spannender Begriff. Er bezieht sich auf die Situation, in der das Vorhandensein oder die **Bereitstellung eines Angebots** für ein bestimmtes Gut oder eine bestimmte Dienstleistung die **Nachfrage danach beeinflusst** oder sogar steigert. Mit anderen Worten: Wenn mehr von einem Produkt oder einer Dienstleistung verfügbar ist, kann dies dazu führen, dass Menschen diese verstärkt nachfragen. Ein klassisches Beispiel hierfür ist das Gesundheitswesen. Wenn beispielsweise eine neue medizinische Einrichtung eröffnet wird und somit mehr medizinische Dienstleistungen verfügbar sind, könnten Menschen dazu ermutigt werden, häufiger medizinische Behandlungen in Anspruch zu nehmen, die sie zuvor vielleicht aufgeschoben hätten. Angebotsinduzierte Nachfrage kann sowohl positive als auch negative Auswirkungen haben. Positiv gesehen kann sie den Zugang zu wichtigen Gütern und Dienstleistungen verbessern. Negativ betrachtet könnte sie zu übermäßigem Konsum oder unnötiger Nutzung führen, wenn Menschen Dinge nachfragen, die sie nicht wirklich benötigen, nur weil sie verfügbar sind.

Annahmeverzug

Annahmeverzug, auch bekannt als Gläubigerverzug, tritt ein, wenn der **Gläubiger die vom Schuldner angebotene und vertragsgemäß mögliche Leistung nicht rechtzeitig zum vereinbarten Zeitpunkt annimmt**. Im deutschen Recht sind die Bestimmungen zum Annahmeverzug in den

§§ 293 ff. des Bürgerlichen Gesetzbuches (BGB) festgelegt. Die Antipode ist der Schuldnerverzug.

annus horribilis

Annus horribilis ist ein lateinischer Ausdruck, der "**schreckliches Jahr**" bedeutet. Er wird verwendet, um ein Jahr zu beschreiben, das besonders schwierig und von vielen Krisen und Problemen durchzogen ist. Da viele Topmanager eine klassische Schulbildung mit Latein haben, wird ein „Seuchenjahr" (im ökonomischen Sinne) schon mal so bezeichnet.

Appeasement-Politik

Appeasement-Politik stammt als Begrifflichkeit ursprünglich aus der Politik und bezieht sich auf eine Strategie, bei der Konflikte vermieden oder beruhigt werden, indem man den Forderungen oder Bedrohungen einer aggressiven Partei nachgibt. In der Wirtschaft wird der Begriff verwendet, um eine ähnliche Idee zu beschreiben, jedoch in Bezug auf Geschäftsbeziehungen, Verhandlungen oder Handelspraktiken. Es kann in der Wirtschaft bedeuten, dass ein **Unternehmen z. B. Zugeständnisse macht**, um einen potenziell schädlichen **Konflikt mit einem anderen Unternehmen**, einem Lieferanten oder Kunden **zu vermeiden**. Also beispielsweise ungünstige Vertragsbedingungen akzeptiert, um eine Geschäftsbeziehung aufrechtzuerhalten oder um mögliche rechtliche Auseinandersetzungen zu vermeiden. Doch Vorsicht! Appeasement in der Wirtschaft muss nicht immer die beste Strategie sein. Manchmal kann es zu langfristigen Nachteilen führen, insbesondere wenn es dazu führt, dass ein Unternehmen dauerhaft unvorteilhafte

Bedingungen akzeptiert. Wie in der Politik sollte die Entscheidung für oder gegen Appeasement in der Wirtschaft gut abgewogen und auf den langfristigen Interessen des Unternehmens basieren.

aufgleisen

Aufgleisen nutzen Entscheider als Bezeichnung für einen **Prozess, der ganz am Anfang steht** und möglichst **schnell begonnen werden soll**. Klar hätte man schon längst anfangen können, aber solange der Chef noch nicht wirklich drängelt, kann man auch noch abwarten. Falsche Haltung für Menschen die in die Chefetage kommen wollen. Hier gilt, wer schnell und erfolgreich Aufgaben aufs Gleis bringt, hat den Fahrschein nach oben für die eigene Karriere schon in der Hand.

Avatar

Nein, es geht nicht um den Film von James Cameron, sondern um die unternehmerische Bedeutung. Dabei nutzen Firmen z. B. Kunden-Avatare (**fiktive Darstellungen idealer Kunden**), um ihre Marketingstrategien zu verbessern. Vermehrt werden auch bei Online-Auftritten von Unternehmen Avatare genutzt. Dort dienen sie dazu, die Marke zu repräsentieren und mit Kunden zu interagieren.

B

back on track

Back on track bedeutet, dass man **wieder auf dem richtigen Weg** ist, insbesondere nach einem Rückschlag. Es wird oft verwendet, um auszudrücken, dass ein Projekt, Pläne, aber auch Personen nach Schwierigkeiten wieder Fortschritte machen und es wieder voran geht.

beaching

Beaching bezieht sich auf das Absichtliche Aufsetzen eines Schiffes am Strand oder an der Küste. Somit ein Begriff der unerwartet in der Welt der Topmanager angekommen ist. Dort wird er verwendet, um das **absichtliche Beenden oder Stilllegen von Projekten** oder Investitionen zu bezeichnen. Klingt viel lockerer als die bekannten Begriffe wie "Ausstieg", "Abwicklung" oder "Desinvestment".

below the line

Below the line klingt gar nicht so übel, ist aber eine fatale Aussage, die oft den Karrieresprung verhindert. Gemeint ist nämlich, dass die gezeigte oder **erbrachte Leistung** unterirdisch **schlecht** war.

betriebsgewöhnliche Nutzungsdauer

Betriebsgewöhnliche Nutzungsdauer ist ein Begriff aus dem Finanzwesen, der angibt, über welchen **Zeitraum** ein Vermögenswert voraussichtlich im normalen Geschäftsbetrieb eines Unternehmens **verwendet** werden kann und damit **wirtschaftlich für das Unternehmen von Bedeutung**

ist. Bei Erwerb eines gebrauchten Wirtschaftsguts entspricht die betriebsgewöhnliche Nutzungsdauer der voraussichtlichen Restnutzungsdauer. Nicht jeder Vermögenswert erfordert eine individuelle Berechnung der betriebsgewöhnlichen Nutzungsdauer durch den Unternehmer. Das Bundesfinanzministerium hat sogenannte AfA-Tabellen veröffentlicht, die die betriebsgewöhnliche Nutzungsdauer für verschiedene Wirtschaftsgüter festlegen. Schauen Sie mal rein.[2] Sie werden staunen, oder hätten Sie gedacht, dass es eigene Tabellen für die Hut- und Stumpenindustrie gibt?

Betriebsunterbrechungs- versicherung

Die **Betriebsunterbrechungsversicherung sichert Unternehmen gegen finanzielle Verluste ab**, die durch unerwartbare, aber eben mögliche Ereignisse wie Feuer, Überschwemmungen, sonstige Naturkatastrohen u. a. entstehen können. Da nach solchen Vorfällen z. B. die Produktion nicht mehr weitergeführt werden kann, weil Maschinen, Gebäude usw. unbenutzbar geworden sind, deckt die Versicherung je nach Versicherungsbedingungen entgangene Gewinne, Fixkosten etc. während der Betriebsunterbrechung ab. Entscheider schließen solche Versicherungen ab, um die wirtschaftliche Stabilität des Unternehmens zu gewährleisten, bis der normale Geschäftsbetrieb wieder

---

[2] Vgl. Bundesfinanzministerium, AfA-Tabellen, https://www.bundesfinanzministerium.de/Web/DE/Themen/Steuern/Steuerverwaltungu-Steuerrecht/Betriebspruefung/AfA_Tabellen/afa_tabellen.html.

aufgenommen werden kann. Doch man muss hier gut ab-
wägen, ob die Prämien für die Versicherung lohnend den
Risiken gegenüberstehen. Tja, Entscheidungen treffen ist
nichts für Feiglinge.

Big-Mac-Index

Der **Big-Mac-Index**[3] ist ein Instrument, das die Stärke verschiedener Währungen anhand der Preise für einen Big
Mac in verschiedenen Ländern misst. Dieser Index wurde
entwickelt, um einen einfachen **Vergleich der Kaufkraft
verschiedener Währungen** zu ermöglichen. Dabei wird die
Kaufkraft der Währungen vereinfacht errechnet, indem die
Preise für einen Big Mac anhand der aktuellen Wechsel-
kurse in US-Dollar umgerechnet werden. Der Big Mac wird

---

[3] Bild generiert mit ChatGPT, Details siehe Anhang.

deshalb für diesen Vergleich verwendet, weil er weltweit in standardisierter Größe, Zusammensetzung und Qualität erhältlich ist. Dies basiert auf der Annahme, dass sich die Preise für ein identisches Produkt langfristig in allen Ländern angleichen sollten.

Boreout und Burnout

Befindet sich ein Mitarbeiter im Zustand chronischer **Unterforderung und Langeweile** am Arbeitsplatz und wird **dadurch unzufrieden,** handelt es sich um **Boreout.** Wer sich in dieser Situation befindet, kann sich schnell intellektuell unterfordert fühlen und wird dadurch unmotiviert. Das kann zu Stress und Frustration führen. Der Traum vom „lazy office life", verwandelt sich dann in einen Alptraum.

Burnout hingegen ist ein Zustand **emotionaler, körperlicher und geistiger Erschöpfung,** der durch Stress und Überforderung am Arbeitsplatz verursacht wird. Die Betroffenen fühlen sich ständig müde, haben kaum Antrieb und Kraft und verspüren häufig eine innere Leere. Ein modernes und gut funktionierendes HR arbeitet hart daran beide Zustände zu vermeiden, denn leistungsfähige und zufriedene Mitarbeiter sind das Herzstück eines Unternehmens.

Bringschuld

Bringschuld ist ein rechtlicher Terminus aus dem Schuldrecht. Er besagt, dass der **Ort der Leistung und Erfüllung am Wohn- oder Geschäftssitz des Gläubigers liegt.** In diesem Fall muss der Schuldner zu diesem Ort kommen, um seine Verpflichtung zu erfüllen. Neben den üblichen von jedermann gekannten Schulden kennt die Führungselite auch noch die Holschuld, die Schickschuld usw. Kann z. B. im Büroalltag so benutzt werden, dass mit dem Ausspruch „Information ist keine Bringschuld" Mitarbeiter aufgefordert werden, sich selbst um die benötigte Information zu kümmern, anstatt zu warten, bis sie ihnen hinterhergetragen wird.

Bulle und Bär

Bulle und Bär[4] sind Begriffe, die verwendet werden, um die Stimmung und die Erwartungen auf dem Finanzmarkt, insbesondere im Aktienhandel, zu beschreiben.

Bulle (Bull Market): Ein Bulle repräsentiert einen Markt, in dem die **Preise von Aktien** oder anderen Vermögenswerten **steigen** oder erwartet wird, dass sie steigen werden. Er ist gekennzeichnet durch **optimistische Stimmung**, steigende Preise und das Vertrauen der Investoren in die

---

[4] Bild generiert mit ChatGPT, Details siehe Anhang.

positiven Aussichten des Marktes. Investoren sind hierbei "bullish" eingestellt, was bedeutet, dass sie erwarten, dass die Preise weiter steigen werden, und daher eher dazu neigen, zu kaufen.

Bär (Bear Market): Er repräsentiert einen Markt, in dem die **Preise von Aktien** oder anderen Vermögenswerten **fallen** oder erwartet wird, dass sie fallen werden. Dieser Markt wird von **pessimistischer Stimmung**, fallenden Preisen und der Sorge der Investoren um negative Marktaussichten geprägt. Investoren sind hierbei "bearish" eingestellt, was bedeutet, dass sie erwarten, dass die Preise weiter fallen werden, und daher eher dazu neigen, zu verkaufen.

Beide Begriffe sind metaphorisch und stammen aus dem Verhalten von Bären und Bullen. Ein **Bulle stößt mit seinen Hörnern von unten nach oben**, was symbolisiert, dass er die Preise nach oben treibt. Ein **Bär hingegen schlägt von oben nach unten**, was darauf hinweist, dass er die Preise nach unten drückt. Die Unterscheidung zwischen Bullen- und Bärenmärkten ist wichtig, da sie die Entscheidungsfindung der Anleger beeinflussen kann. In einem Bullenmarkt könnten Investoren dazu neigen, Risiken einzugehen und z. B. Aktien kaufen, während sie in einem Bärenmarkt vorsichtiger agieren und nach Möglichkeiten suchen könnten, ihre Verluste zu begrenzen.

Business Angel

Start-ups und deren Gründer benötigen in der Frühphase des Unternehmens oft finanzielle Unterstützung, Beratung und Kontakte. Business Angels bieten all dies, da sie meist

Unternehmer oder Manager sind, die ihre **Erfahrung und ihr Kapital einbringen**. Im Gegenzug erhalten Business Angels Unternehmensanteile und profitieren so vom möglichen Erfolg des Start-ups. Das Hauptziel vieler Business Angels ist ein erfolgreicher Exit, bei dem sie ihre Anteile gewinnbringend verkaufen. Das gelingt nicht immer, sonst wäre es zu einfach. Nur etwa jede dritte bis fünfte Beteiligung führt zu einem Pay-out-Exit.

Business Case

Business Case ist eine **Analyseform**, aus der ein **Entscheider ableiten** kann, **welchen Nutzen** (strategisch bis ökonomisch) eine **Investition**, Geschäftsidee, Projekt etc. für das Unternehmen hat. Dabei werden Risiken und Kosten möglichen Erträgen und Chancen gegenübergestellt. Damit soll eine möglichst fundierte Entscheidungsbasis für die Freigabe z. B. von finanziellen Mitteln, Zeit- und Mitarbeiterressourcen usw. geschaffen werden.

Buzzword

Immer häufiger nennen Entscheider **Schlagworte** Buzzwords. Nicht alle jubeln über diesen Begriff und die Verwendung, aber in Besprechungen sind sie als Einstieg in Diskussionen oft hilfreich. Doch auch hier gilt es vorsichtig zu sein. Nicht jeder versteht unter einem genannten Schlagwort das gleiche. Denken sie nur mal über Big Data, KI usw. nach.

Buzzer Beater

Buzzer Beater (dt. Sirenenbezwinger) beschreibt eine Entscheidung oder Aktion, die in letzter Sekunde getroffen oder ausgeführt wird. Kurz bevor die Zeit z. B. für einen Deal abläuft, kommt der Top-Entscheider mit einer entscheidenden Maßnahme oder strategischen Idee ins „Spiel" zurück und wendet die drohende Niederlage im Kampf etwa um einen Auftrag ab. Der Begriff wird metaphorisch verwendet und ist entlehnt aus dem Basketball. Dort beschreibt er einen Wurf, der unmittelbar vor dem Ertönen der ablaufenden Spieluhr (engl. buzzer) abgegeben wird und erfolgreich ist.

by hook or by crook

By hook or by crook klingt doch gleich viel charmanter als **auf Biegen und Brechen**. Gemeint ist damit, etwas zu tun, egal was es kostet. Der Ausspruch wird Oliver Cromwell zugeschrieben.

C

Call to Action

Ein **Call to Action (CTA)** ist eine klare **Handlungsaufforde-
rung an den Kunden**, meist in Form eines Buttons oder eines kurzen Satzes. Er fordert den Leser oder Zuschauer **direkt auf, etwas zu tun.** Typische Beispiele sind Buttons mit
der Aufschrift „Jetzt kaufen", „Registrieren Sie sich" oder
ein Satz wie „Rufen Sie noch heute an!", die den Kunden zu
einer **sofortigen Reaktion** bewegen sollen.

Carry-over-Effekt

Der **Carry-over-Effekt**, auch als "Übertragungseffekt" oder
"Übernahme-Effekt" bezeichnet, manifestiert sich, wenn
die **Auswirkungen einer unternehmerischen Handlung
erst zu einem späteren Zeitpunkt bemerkbar** werden. Dieser Effekt ist in Marketingkontexten häufig anzutreffen, wo
die fördernden Werbemaßnahmen ihre Botschaft auf den
Konsumenten übertragen, aber oft erst nach Wochen oder
Monaten bei Kaufentscheidungen ihre Wirkung entfalten.

Carve-Out

Carve-Out bezeichnet eine Strategie, bei der **Unterneh-
mensteile** abgespaltet oder **veräußert** werden. Oft kommt
es zu Carve-Outs im Zusammenhang mit einer Restruktu-
rierung eines Unternehmens. Dabei werden Unterneh-
mensteile veräußert, die nicht das Kerngeschäft betreffen.
Es können sowohl rentable wie auch unrentable Bereiche
abgestoßen werden.

Change-Management

Change-Management / CM (Veränderungsmanagement) bezieht sich auf den Prozess der **Planung, Umsetzung und Überwachung von Veränderungen** in einer Organisation, um sicherzustellen, dass diese Veränderungen effektiv und effizient umgesetzt werden. CM befasst sich mit den Aspekten des Wandels und zielt darauf ab, Widerstand zu minimieren, Akzeptanz zu fördern und die positiven Auswirkungen des Wandels zu maximieren. CM kann als multidisziplinärer Ansatz verstanden werden, der darauf zielt, erfolgreich in die Zukunft zu arbeiten. Um es mit Albert Einstein zu sagen: „Das Leben ist wie Fahrradfahren. Um das Gleichgewicht zu halten, musst du in Bewegung bleiben."

Change Request

Change Request klingt auf Deutsch wieder mal viel profaner und spießiger. Meint es doch einen **Änderungsantrag/-wunsch**. Innerhalb eines Unternehmens, Projekts etc. kommt es immer wieder dazu, dass Änderungswünsche entstehen. Meist geht es um Verbesserungen, die den Entscheidern noch einfallen und die dann auf eine lange Liste kommen, die abgearbeitet werden muss. Wichtig, aber häufig nicht beachtet ist dabei, dass die Change Requests nicht nur erfasst und bewertet, sondern tatsächlich auch umgesetzt werden. Wer kann sich noch an den langen Zettel von Karl-Josef Laumann (Minister für Arbeit, Gesundheit und Soziales des Landes Nordrhein-Westfalen) während der Pandemie erinnern, und wer hat sich den Zettel je danach wieder angeschaut?!

Chaperone

Chaperone stammt aus dem Englischen und bezeichnet eine Person, die in sozialen oder formellen Situationen begleitend anwesend ist, um jemanden zu **beaufsichtigen, zu unterstützen oder zu schützen**. In der Businesswelt wurde dieses Wort adaptiert und so mancher CEO bekommt zum Ende seiner Laufzeit eine Art Anstandsdame zugeordnet, die darauf achtet, dass kein Unfug mehr angestellt werden kann. Nichts, was man gerne erlebt.

Cheapflation

Cheapflation ist ein Phänomen, dass Alberto Cavallo und Oleksiy Kryvtsov bei der Auswertung von Millionen von Daten über Lebensmittelpreise (fast 100 Handelsketten in 19 Ländern) entdeckt haben. Es bedeutet, dass in den letzten Jahren (Basis für die Auswertung ist die Zeit von 1/2020 bis 5/2024) die **Preise für günstige Lebensmittel schneller gestiegen sind als die für teure Markenprodukte**. Während sich teure Marken um 15 Prozent verteuerten, kletterten die Preise für günstige Eigenmarken um satte 29 Prozent. Mögliche Gründe könnten sein, dass günstige Produkte stärker im Preis gestiegen sind, weil Händler auf die erhöhte Nachfrage reagiert haben und die Herstellungskosten bei Eigenmarken stärker zugenommen haben. Da diese Produkte niedrigere Gewinnmargen haben, mussten die Händler die gestiegenen Kosten schneller an die Kunden weitergeben. Auf alle Fälle konnten die Konsumenten nicht mehr so leicht auf günstige Eigenmarken ausweichen, was den Geldbeutel zusätzlich belastet.

Cheat Sheet

Ein **Cheat Sheet** ist im Grunde der gute alte Spickzettel – nur heute ganz offiziell und richtig nützlich. Statt heimlich unter der Bank hilft er Ihnen ganz offen dabei, schnell das Wichtigste parat zu haben: kompakt, übersichtlich, auf den Punkt. Ob Programmierbefehle, Marketingbegriffe oder Projektphasen – Cheat Sheets fassen zusammen, was man sonst mühsam suchen müsste. Er dient als schnelle Referenz und hilft, schnell den Überblick zu bekommen und effizienter zu arbeiten.

Clean Desk

Clean Desk[5] bedeutet, dass **Arbeitsplätze** am Ende des Arbeitstages oder nach Gebrauch **aufgeräumt und frei** von persönlichen Gegenständen, Dokumenten und unnötigen Materialien sein sollen. Neben den auf der Hand liegenden Aspekten von Ordnung, Datenschutz, Professionalität usw. kommt dem Clean Desk beim Arbeiten zwischen Homeoffice und Büro eine wichtige Bedeutung zu, da **Desksharing (kein persönlich zugeordneter Arbeitsplatz im Office)** in vielen Unternehmen Einzug gehalten hat. Dabei wählen die Mitarbeiter täglich einen verfügbaren (neuen) Platz.

Vorteile sind insbesondere Kosteneffizienz (reduziert ungenutzte Büroflächen) und Flexibilität (Förderung von mobiler Arbeit). Dieses Modell unterstützt moderne Arbeitsmethoden, erfordert jedoch gute Organisation und klare

---

[5] Bild generiert mit ChatGPT, Details siehe Anhang.

Regeln. Dabei ist es unabdingbar, dass keine Unterlagen oder persönlichen Gegenstände zurückgelassen werden, um den Arbeitsplatz flexibel anderen Mitarbeiter zuordnen zu können. Oft werden die freien Plätze in großen Unternehmen über Apps aufgezeigt und sind dann buchbar. Digitalisierte Prozesse sind der Schlüssel zu Clean Desk sowie zu Desksharing.

committen

Committen im Management bezieht sich auf das aktive Bekenntnis und die **Verpflichtung** von Führungskräften **zu bestimmten Zielen, Strategien oder Projekten innerhalb eines Unternehmens.** Eine gute deutsche Passung wäre der Ausspruch, dass alle an einem Strang ziehen sollten und somit alle Beteiligten auf das Erreichen der avisierten Unternehmensziele hinwirken.

Compassionate Leadership

Compassionate Leadership ist en vogue in vielen Unternehmen. Der Begriff bezieht sich auf einen **Führungsstil, der Mitgefühl,** Empathie und Fürsorge gegenüber **den Mitarbeitern betont.** Es wird sich nicht ausschließlich auf die Erreichung von Zielen und die Maximierung von Ergebnissen konzentriert, sondern die Unternehmensführung schafft eine unterstützende und empathische Arbeitsumgebung, in der die Bedürfnisse, Gefühle und das Wohlbefinden der Mitarbeiter berücksichtigt werden. Klingt leichter als es ist.

Compliance

Compliance bezieht sich auf die betriebswirtschaftliche und rechtswissenschaftliche Konzeption der **Einhaltung von Gesetzen, Richtlinien und freiwilligen Kodizes durch Unternehmen**, was auch als Regeltreue oder Regelkonformität bezeichnet wird. Die Gesamtheit der Prinzipien und Maßnahmen, die ein Unternehmen umsetzt, um bestimmte Regeln einzuhalten und Regelverstöße zu vermeiden, wird als **Compliance Management System** bezeichnet. Wer mal lesen möchte, was man alles falsch machen kann, sei auf den Deutschen Corporate Governance Kodex verwiesen.[6] Kein CEO kann heute die Compliance ungestraft missachten.

Content Marketing

Content Marketing ist eine Marketingstrategie, bei der Unternehmen **hilfreiche oder unterhaltsame Inhalte bereitstellen**, um Kunden anzuziehen und zu binden, **anstatt direkt Werbung zu machen**. Solche Inhalte können Blog-Artikel, Videos, Podcasts oder Infografiken sein, die einen Mehrwert bieten und das Interesse der Zielgruppe wecken. Beispiel gefällig? Ein Sportbekleidungshersteller betreibt einen Blog mit Trainingstipps – so gewinnt er das Interesse der Leser und präsentiert nebenbei seine Produkte, **ohne aufdringlich zu werben.**

---

[6] Vgl. Regierungskommission, Deutscher Corporate Governance Kodex, https://dcgk.de/de/kodex.html.

Conversion Rate

Die **Conversion Rate** gibt an, wie viele der Nutzer oder potenziellen Kunden **tatsächlich eine gewünschte Aktion durchführen** – zum Beispiel einen Kauf abschließen oder ein Formular ausfüllen – im Verhältnis zur Gesamtzahl der Besucher. Sie wird meist in Prozent ausgedrückt. Beispiel: Wenn von 100 Website-Besuchern 5 etwas kaufen, beträgt die Conversion-Rate 5 %.

Core Value

Core Value ist ein **grundlegender Wert** oder Kernwert, den ein Unternehmen als prägend im Inneren hält. Ein Core Value ist Leitstern für Entscheidungen im gesamten Unternehmensuniversum. Er ist damit fester Anker der Unternehmenskultur. Um im Bild zu bleiben, dient dieser Fixstern am Unternehmensfirmament dazu, immer wieder den richtigen Kurs bestimmen zu können.

Cradle-to-Cradle (C2C)

Cradle-to-Cradle (C2C) (dt. etwa Wiege-zu-Wiege) ist ein Konzept für nachhaltiges Design und Produktion, das darauf abzielt, Abfall und Umweltverschmutzung zu vermeiden, indem alle Materialien in geschlossenen Kreisläufen geführt werden. Die Idee ist einfach und daher zukunftsfähig. Es gilt, **Produkte so zu gestalten**, dass sie **am Ende ihrer Lebensdauer entweder vollständig biologisch abbaubar sind oder in technische Kreisläufe zurückgeführt werden können**, um neue Produkte zu schaffen. C2C kann ein Game Changer werden, denn es ist mehr als nur Recycling.

Klingt nach Utopia? Dann denken sie an Trinkhalme aus Nudelteig, essbares Einmalbesteck usw.

Credibility

Credibility meint auf Deutsch ganz schlicht **Glaubwürdigkeit** und die ist essenziell für Führungskräfte. Nimmt man einem Manager ab, dass er tut, was er sagt, oder ist er nicht authentisch und nicht vertrauenswürdig? Die Credibility einer Führungskraft ist entscheidend für deren Erfolg bei der Führung des Unternehmens und dessen Mitarbeitern.

Cross Selling

Cross Selling (dt. Querverkauf) ist eine Verkaufsstrategie, bei der Kunden zusätzlich zum Hauptprodukt passende Ergänzungs- bzw. Zusatzprodukte angeboten bekommen. Ziel ist es, den Umsatz zu erhöhen, indem man weitere, zum eigentlichen Produkt sinnvolle Ergänzungsprodukte anbietet. Beispiel gefällig? Wer ein Smartphone kauft, sieht im Regal noch eine passende Schutzhülle und eine Panzerfolie fürs Display offeriert.

Crowdsourcing

Crowdsourcing ist ein Prozess, bei dem eine Aufgabe oder ein Projekt an eine große Gruppe (engl. crowd) von Menschen ausgelagert wird (Outsourcing), meist über das Internet. Die Idee ist, dass anstelle von Einzelpersonen oder einer kleinen Fachgruppe eine Aufgabe an eine Vielzahl von Menschen übertragen wird, um eine möglichst kreative Lösung zu entwickeln. Crowdsourcing kann man auch mit **Schwarmintelligenz** beschreiben. So können Aufgaben schnell erarbeitet und progressive Ansätze kreiert werden. Wikipedia lässt grüßen.

Customer Journey

Customer Journey bezeichnet die **Reise** oder alle Schritte, die ein Kunde **durchläuft, bevor er sich für einen Kauf oder eine andere Aktion entscheidet.** Dazu gehören alle Berührungspunkte mit einer Marke, vom ersten Kontakt (etwa durch eine Online-Anzeige) über den Vergleich von Alternativen bis hin zum Kauf und darüber hinaus zum Kundenservice. Durch das Verständnis der Customer Journey können Unternehmen Marketing und Angebote gezielt auf jede Phase abstimmen, z. B. hilfreiche Informationen bereitstellen, wenn Kunden sich gerade über Produkte informieren.

D

D+O-Versicherung

D+O-Versicherung (**D**irectors and **O**fficers Liability Insurance) ist eine **Haftpflichtversicherung für Führungskräfte** (Vorstände, Geschäftsführer und Aufsichtsräte) **eines Unternehmens.** Sie **schützt** diesen Personenkreis **vor persönlichen finanziellen Risiken**, die durch **fahrlässige oder fehlerhafte Entscheidungen** im Rahmen ihrer Tätigkeit entstehen können. Die Versicherung übernimmt die Kosten für Rechtsstreitigkeiten, Schadenersatzforderungen und andere finanzielle Belastungen nach solchen Fehlentscheidungen. Ziel ist es, die privaten Vermögenswerte der Führungskräfte zu sichern.

Ein Gesundheitsminister sprach unlängst auf einem hochrangigen Treffen im Frühjahr 2024 vor Top-Entscheidern von einer Situation, in der ein von ihm so bezeichneter **„Möchtegern-Manager"** im Gesundheitswesen zwei Krankenhäuser in die Insolvenz führte. Diese von ihm zu verantwortende Insolvenz hatte er sehenden Auges während seiner Amtszeit ignoriert. Wenige Wochen nach seinem Ausscheiden war sie unvermeidbar. Während er die Mitarbeiter in eine ungewisse Zukunft entließ, verabschiedete er sich selbst vorzeitig in den rettenden Ruhestand, versäumte es aber nicht, sich vorher durch die Aufsichtsorgane entlasten zu lassen. Diese sog. Entlastung erhalten z. B. Geschäftsführer einer GmbH von den Aufsichtsgremien bzw. Gesellschaftern, um Schadenersatzansprüche ihnen gegenüber auszuschließen. Damit war die Unfähigkeit auf beiden Seiten unbestreitbar bewiesen, was aber insbesondere den Beschäftigten auch nicht hilft. Eines der Krankenhäuser wurde nämlich mittlerweile geschlossen. Wie segensreich für den Träger und die Beschäftigten wäre hier eine Klage gegen den Geschäftsführer gewesen, denn die D+O-Versicherung, die er nachweislich hatte, wäre hier mit an Sicherheit grenzender Wahrscheinlichkeit für den finanziell entstandenen Schaden eingetreten.

DAGMAR-Formel

Die **DAGMAR-Formel** ist ein Konzept zur Bewertung von Werbewirkung und -erfolg und bietet eine präzisere Herangehensweise an die Gestaltung von Werbemitteln im Vergleich zur AIDA-Formel. Die Bezeichnung "DAGMAR" setzt sich aus den Anfangsbuchstaben des Buchtitels "**De**fining **A**dvertising **G**oals for **M**easured Advertising **R**esults" von Colley zusammen. Im Kern beruht diese Theorie darauf, dass Werbung, im Unterschied zu anderen Instrumenten des Marketings, nicht nur ökonomische Ziele verfolgt, sondern hauptsächlich Kommunikationsziele hat. Das Konzept legt nahe, dass positive emotionale Resonanz beim Konsumenten zur eigentlichen Handlung führt – nämlich zum Kauf. Obwohl die DAGMAR-Formel wertvolle Einblicke bietet, bleibt das AIDA-Modell bekannter in Führungskreisen.

Day off

Day off bedeutet **freier Tag** oder Ruhetag. Somit ein Tag, an dem eine Person nicht arbeiten muss. In Entscheiderkreisen kommt es jedoch häufig vor, dass man den

Jahresurlaub im Büro verbringt oder zumindest 24/7 erreichbar ist.

Deadline

Hier stirbt niemand, sondern es ist ein **festgelegter Zeitpunkt** oder eine Frist gemeint, bis zu der eine bestimmte **Aufgabe**, ein Projekt oder eine Aktivität **abgeschlossen sein muss**. Manager bezeichnen damit den Zeitpunkt, bis zu dem eine Arbeit erledigt sein muss, um die Einhaltung von Zeitplänen oder Verpflichtungen sicherzustellen.

Digital Detox

Digital Detox hat vermutlich kaum einer meiner Leser bisher gehört, aber in Entscheider-Kreisen ist dieser Begriff sehr virulent. Er bezeichnet eine **bewusste Auszeit von digitalen Geräten** wie Smartphones, Tablets und Computern, um Stressreduktion zu generieren. Wie man ahnt, sind Manager mittlerweile (fast) immer online. Daher arbeiten man in diesen Sphären hart daran, mehr Offline-Zeit zu generieren. Dies soll ermöglichen, eine Balance zwischen On-/Off-Time zu schaffen.

Disinflation

Disinflation ist ein Begriff, den man kennen sollte und der einen Rückgang der Inflationsrate beschreibt. Das bedeutet, dass die Preise für Waren und Dienstleistungen weiterhin steigen, aber langsamer als zuvor. Es handelt sich also nicht um eine Deflation, bei der die Preise tatsächlich sinken, sondern lediglich um eine **Verlangsamung des Preisanstiegs**.

Disruption

Disruption (engl. **Unterbrechung, Störung**) wird im Topmanagement nicht immer von allen geliebt, denn es gibt auch Bewahrer und Verwalter. Veränderer allerdings nutzen **positive Disruption**, um **bestehende Prozesse in Frage zu stellen** und Abläufe neu zu denken. Oft werden Veränderungen erst abgelehnt, aber um es mit Rudolf von Bennigsen-Foerder zu sagen: „Stillstand ist Rückschritt!". Positive Disruption erfordert Mut und eine offene Haltung gegenüber Veränderungen. Negative Disruption meint zerstörerisches Handeln. Dies führe ich hier nicht aus.

do or die

Do or die beschreibt eine Situation, in der entschlossenes Handeln über Erfolg oder Misserfolg entscheidet. Im Management bezieht sich dieser Ausdruck auf kritische Momente, in denen Führungskräfte mutige Entscheidungen treffen müssen, um das Unternehmen voranzubringen oder vor dem Scheitern zu bewahren. Solche Situationen erfordern Entschlossenheit und den Willen, Risiken einzugehen, um gesetzte Ziele zu erreichen. Zögern ist keine Option – es geht um alles oder nichts. Ein Begriff für Führung mit maximaler Dringlichkeit.

do ut des

Do ut des (dt. Ich gebe, damit du gibst) beschreibt das Prinzip der Gegenseitigkeit: Leistung gegen Gegenleistung. Was in der römischen Antike mit Opfergaben begann, prägt heute Verträge, Verhandlungen und Partnerschaften. Für Manager ist „do ut des" weit mehr als eine juristische Formel – es ist ein **strategisches Führungsprinzip**. Wer gibt, darf auch etwas erwarten – aber **klar, fair und verbindlich**. **Erfolg entsteht dort, wo Leistung und Vertrauen auf Gegenseitigkeit beruhen.**

Do what you can do best, outsource the rest?

„Tu das, was du am besten kannst, aber lagere den Rest aus?". Dieser oft von Entscheidern zitierte Satz deutet auf eine scheinbar unkomplizierte Entscheidung hin, ist jedoch im Original von Siems und Ratner[7] nicht ohne Grund mit einem Fragezeichen versehen. Es liegt vordergründig auf der Hand, **Dinge, die andere besser können, auch diese das machen zu lassen**, aber es zieht einen Rattenschwanz an anderen Themenfeldern nach sich, wie z. B. Abhängigkeit, Preisdiktat usw. Also gut über das Fragezeichen nachdenken!

Dollarocracy

Dollarocracy ist ein Begriff, der sich aus den englischen Wörtern "Dollar" und "Democracy" (Demokratie) zusammensetzt. Kurz **Geld ist Macht!** Das bedeutet für wirtschaftlich potente Unternehmen, dass sie die Möglichkeiten haben, politische Entscheidungen zu ihrem Vorteil zu verändern. Übrigens auch nicht uninteressant der Einfluss

---

[7] Vgl. Siems, Thomas F. und Ratner, Adam S., Do What You Do Best, Outsource the Rest?, http://dx.doi.org/10.2139/ssrn.480363.

der englischen Royals auf die Politik[8] Wo man doch immer denkt, der König in England hat keine Macht.

Doom-Scrolling

Doom-Scrolling auch bekannt als Doom-Surfing, bezeichnet das Phänomen, bei dem Menschen ununterbrochen durch negative Nachrichten und Inhalte in sozialen Medien oder auf Nachrichten-Websites scrollen. Dieser Begriff setzt sich aus den Wörtern "doom" (dt. Unheil, Untergang) und "scrolling" (dt. scrollen) zusammen und beschreibt ein Verhalten, bei dem man **trotz der negativen Auswirkungen weiter durch düstere und besorgniserregende Nachrichten blättert**. Bestimmt kennen Sie, lieber Leserschaft auch Menschen in Ihrem Unternehmen oder Umfeld, die in diese „Schwarzen Löcher" fallen.

Doxing

Doxing ist ein Phänomen, mit dem immer mehr prominente Menschen, aber eben auch Führungsspitzen zu kämpfen haben. Es werden persönliche und teils **sehr private Informationen** über eine Person **gesammelt**, um diese **ohne deren Zustimmung** gegenüber einer breiten **Öffentlichkeit bekannt zu machen**. Dies kann das Ansehen und den Ruf der attackierten Person erheblich schädigen. Es kann sowohl persönliche Beziehungen, insbesondere

---

[8] Vgl. z. B. Das Erste, England: Royals beeinflussen heimlich Gesetze, https://www.daserste.de/information/politik-weltgeschehen/weltspiegel/England-Royals-beeinflussen-heimlich-Gesetze-100.html.

aber auch geschäftliche Strukturen nachhaltig beschädigen und bis zur Entlassung führen. Die Gründe für Doxing sind vielfältig und können u. a. von Neid, Ärger, Rache, wettbewerblichen Interessen etc. getrieben sein.

durchlaufender Posten

Durchlaufender Posten ist ein Begriff, der im Umsatzsteuerrecht und in der Buchführung verwendet wird. Gemäß der gesetzlichen Definition in § 10 Abs. 1 Satz 5 des Umsatzsteuergesetzes (UStG) handelt es sich dabei um "**Beträge, die der Unternehmer im Namen und für Rechnung eines anderen vereinnahmt und verausgabt**". Dies bedeutet, dass diese Beträge lediglich vorübergehend vom Unternehmen eingezogen oder ausgegeben werden und dass das Unternehmen in dieser Funktion lediglich als Treuhänder agiert. Diese Transaktionen haben keinen Einfluss auf den Gewinn eines Unternehmens, müssen jedoch in der Bilanz erfasst werden. Ein Beispiel für durchlaufende Posten ist Auslagenersatz, wobei etwa Fahrtkosten im Rahmen eines Auftrags vom Unternehmen zunächst übernommen, aber später bei Abrechnung des Auftrags dem Unternehmen durch den Auftragnehmer ersetzt werden.

durchstechen

Durchstechen einer (vertraulichen) Information ist in der Sprachwelt von Entscheidern häufig zu hören und oft Gold bzw. bares Geld wert. Es meint nämlich, dass **vertrauliche oder geheime Informationen zugetragen** werden, auf deren Grundlage man dann **besser oder neu entscheiden** kann. Natürlich werden auch Gerüchte oder toxische U-Boote durchgestochen, um Verwirrung zu stiften. Das eine vom anderen zu unterscheiden, gehört zu den Basis-Skills von Entscheidern. Dabei gilt es zu beachten, dass es auch rechtliche oder berufliche Konsequenzen für diejenigen haben kann, die vertrauliche Informationen durchstechen, insbesondere wenn es sich um sensible Informationen handelt.

E

EFQM-Modell

Das **EFQM-Modell** (**E**uropean **F**oundation for **Q**uality **Ma**nagement-**M**odell) ist ein Rahmenwerk zur Bewertung und Verbesserung der Qualität und Leistung von Organisationen. Es wurde entwickelt, um Unternehmen zu befähigen ihre **Betriebsabläufe**, Prozesse und Ergebnisse **systematisch zu bewerten** und kontinuierlich zu verbessern. Das EFQM-Modell fördert eine ganzheitliche Herangehensweise an die Organisationsbewertung und -verbesserung.

einkippen

Wenn man von der Chefetage **Vorstellungen** benannt bekommt, **was** z. B. in einer Verhandlung **unbedingt berücksichtig** werden soll, dann soll durch diesen Impact von oben eine bestimmte Haltung, Vorstellung etc. in Gang gesetzt bzw. veranlasst (eingekippt) werden.

Einsichtsbarriere

Einsichtsbarriere ist ein Begriff, den die meisten Entscheider nicht mit sich selbst in Verbindung bringen (wollen). Denn Selbstzweifel oder Unsicherheit sind in diesen Sphären nicht weit verbreitet. Dennoch möchte ich ihn hier aufführen. Was ist das also? Der Begriff beschreibt ein **psychologisches Hindernis**, das **verhindert**, dass eine Person eine bestimmte Situation oder **Information richtig** einschätzt oder **akzeptiert**. Insbesondere führt dies schnell dazu, dass die Tragweite einer Entscheidung oder Situation fehlerhaft bewertet wird. Oft stimmen hier Selbst- und Fremdbild nicht überein. Abhilfe können sich gewillte Manager durch professionelles Coaching verschaffen.

Eisbergmodell

Das **Eisbergmodell** – ich liebe es! – verdeutlicht, dass viele Probleme und Herausforderungen in einer Organisation nicht sofort sichtbar sind und **nur einen kleinen Teil eines größeren, verborgenen Problems darstellen** – ähnlich wie bei einem Eisberg, dessen **größter Teil unter der Wasseroberfläche** liegt. Dieses Modell hilft Managern und Führungskräften, nicht nur die offensichtlichen Symptome von Problemen zu erkennen und zu behandeln, sondern auch die tieferliegenden Ursachen zu verstehen. Titanic lässt grüßen!

Eisenhower-Prinzip

Das **Eisenhower-Prinzip**, benannt nach Dwight D. Eisenhower (ehemaliger US-amerikanischer Präsident, der für seine effektive Zeitnutzung bekannt war), ist eine Methode des **Zeitmanagements**, die Aufgaben in vier Kategorien einteilt:

1. **Dringend und wichtig**: Sofort erledigen.
2. **Wichtig, aber nicht dringend**: Langfristig planen.
3. **Dringend, aber nicht wichtig**: Delegieren oder schnell erledigen.
4. **Nicht dringend und nicht wichtig**: Vermeiden oder minimieren.

Ziel ist es, Prioritäten zu setzen und effektivere Entscheidungen bei der Aufgabenbewältigung zu treffen. Ich kann es nur empfehlen!

Enabler

Ein **Enabler** (dt. Befähiger / Ermöglicher) ist eine Person, Sache oder ein Konzept, das bzw. die Veränderungen, Entwicklungen oder Projekte ermöglicht und fördert. Dies kann eine neue Technologie, eine effektive Strategie oder eine Person mit den nötigen Ressourcen und Fähigkeiten sein, die andere unterstützt. Kurz gesagt, ein Enabler **hilft, Hindernisse zu überwinden,** neue Möglichkeiten zu schaffen und Veränderungen herbeizuführen.

entre nous

Entre nous stammt aus dem Französischen und bedeutet wörtlich übersetzt "unter uns". In der Kommunikation innerhalb von Führungseliten wird dieser Ausdruck häufig verwendet, um **Vertraulichkeit und Diskretion zu betonen.** Insgesamt signalisiert er eine Exklusivität und eine Ebene von Verschwiegenheit, die für das Topmanagement charakteristisch ist.

F

Family Office

Ein **Family Office** hat den Anspruch, das Vermögen einer Familie über Generationen hinweg zu verwalten und zu vergrößern. Falls Sie, meine lieben Leser, jetzt darüber nachdenken, so einen Service auch zu buchen, kommen hier noch ein paar weiterführende Erläuterungen. Es gibt Single Family Offices, die Vermögen ab ca. 200 Millionen Euro betreuen, und Multi Family Offices (Betreuung mehrerer Familien, wenn das Einzelvermögen nicht groß genug ist). Sie mögen nun selbst entscheiden, ob diese Art von Dienstleistung für Sie in Frage kommt.

Hauptaufgabe ist die **strategische Vermögensplanung und -strukturierung**, aber auch Rechts- und Steuerberatung, Nachfolgeplanung und Risikomanagement u. v. m. gehören dazu. Dabei geht es besonders darum, (reichen) Unternehmern das **Vermögen nachhaltig zu sichern und zu mehren**. Ein Family Office bietet somit unabhängige Beratung, um den langfristigen Vermögenserhalt und -wachstum zu gewährleisten. Private-Butler-Service in Finanzangelegenheiten!

Firlefanz

Firlefanz ist ein Ausdruck, der es in die Begriffswelt der Entscheider geschafft hat und dort **unwichtige und überflüssige Dinge bezeichnet**. Somit handelt es sich bei Firlefanz um einen Begriff, der Kritik an etwas Überladenem oder

Übertriebenem zum Ausdruck zu bringen soll, das man getrost als unangemessen oder unnötig betrachten kann.

Fishbowl

Fishbowl bezeichnet nicht das Goldfischglas aus der Kindheit, sondern eine **spezielle Methode für Gruppendiskussionen** und Meetings, die Transparenz und Beteiligung fördern soll. Bei einer Fishbowl-Diskussion sitzen einige Teilnehmer in einem inneren Kreis (Fishbowl) und diskutieren, während die restlichen Teilnehmer im äußeren Kreis sitzen und zuhören. Ziel ist, dass alle Teilnehmer die Diskussion verfolgen können, was Offenheit und Nachvollziehbarkeit fördert. Außerdem können die Teilnehmer im äußeren Kreis sich an der Diskussion beteiligen, indem sie die Plätze mit jemandem im inneren Kreis tauschen. Dieses Format erleichtert Meinungsvielfalt und den Austausch von Ideen.

Flow

Flow kommt als Begriff vor, wenn ein Zustand der höchsten Produktivität und des optimalen Arbeitsflusses eintritt, den ein Team oder eine Person während der Durchführung eines Projekts erleben kann. Im Flow sein kann man auch verkürzt damit erklären, dass man **einen Lauf hat.**

Fluktuationsrate

Die **Fluktuationsrate,** auch als Mitarbeiterfluktuation oder Personalfluktuation bezeichnet, bezieht sich auf die **Rate, mit der Mitarbeiter ein Unternehmen verlassen und durch Neueinstellungen ersetzt werden.** Sie ist ein Maß dafür, wie häufig Mitarbeiter das Unternehmen verlassen, sei es durch Kündigung, Ruhestand, Entlassung oder andere Gründe. Es ist wichtig anzumerken, dass eine gewisse Fluktuation in Unternehmen normal ist und es nicht immer schlecht ist, wenn Mitarbeiter das Unternehmen verlassen. Manchmal kann die Erneuerung des Personals durch Neueinstellungen zu neuen Ideen und frischem Fachwissen führen. Es kommt darauf an, das richtige Gleichgewicht zwischen Mitarbeiterbindung und natürlicher Fluktuation zu finden, um den langfristigen Erfolg des Unternehmens sicherzustellen.

Forecast

Im Controlling eines Unternehmens bezieht sich der Begriff Forecast auf eine Prognose oder **Vorhersage,** die insbesondere **auf zukünftige finanzielle Ergebnisse** des Unternehmens abzielt. Der Forecast im Controlling ist ein strategisches Instrument, das Unternehmen hilft, ihre finanzielle

Gesundheit zu überwachen und idealtypisch eingesetzt wird, um auf (finanzielle) Veränderungen zu reagieren.

FYI

Hm, schwierig zu erraten, oder? Hier kommt die Lösung. For Your Information. Gerne als Floskel benutzt und in Entscheiderkreisen äußerst unbeliebt, denn wer will schon jede Mail mit der nächsten unbedeutenden Information weitergeleitet bekommen?

G

Game Changer

Game Changer sind **Innovationen** (auch Strategien oder Technologien etc.), die das **Geschäftsfeld eines Unternehmens grundlegend verändern** und ihm einen Wettbewerbsvorteil verschaffen. Unternehmenslenker sind immer auf der Suche nach solchen Game Changern, denn damit können sie sich einen Wettbewerbsvorteil sichern oder ihre Marktposition stärken. Beispiele gefällig? Denken Sie an Amazon (Etablierung von E-Commerce) oder an Apple. Durch die Einführung des iPhone, wurde das Kommunikationsverhalten von sehr vielen Menschen fundamental verändert, und Apple wurde zu einem der wertvollsten Unternehmen des Planeten.

GAP-Analyse

Mind the gap! Wer schon einmal in London U-Bahn gefahren ist, wird diesen kultigen Spruch kennen. Die **GAP-Analyse**[9] ist ein Früherkennungsverfahren, das dazu dient, **Abweichungen von Zielen, etwa in Bezug auf den Umsatz, zu identifizieren**. Es gibt zwei Arten von Lücken, nämlich operative und strategische Lücken. Ausgehend vom gegenwärtigen Basisgeschäft stellt **die operative Lücke** dar, wie hoch das Basisgeschäft sein könnte, würde das Unternehmen durch kurzfristige Gegenmaßnahmen alle derzeitigen

---

[9] Grafik in an Anlehnung an: Gabler Wirtschaftslexikon, GAP-Analyse, https://wirtschaftslexikon.gabler.de/definition/gap-analyse-34738.

Potenziale bestmöglich nutzen. Die Obergrenze der **strategischen Lücke** schließt auch zukünftige, noch zu entwi-
ckelnde Potenziale ein, wie z. B. solche durch Entwicklung
neuer Produkte oder Erschließung neuer Marktsegmente.

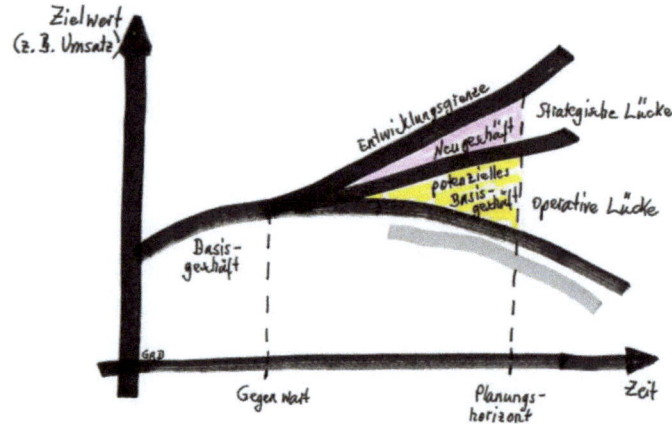

Geldkreislauf

Der **Geldkreislauf** beschreibt den **Fluss von Geld innerhalb
einer Volkswirtschaft** zwischen verschiedenen Akteuren,
wie Haushalten, Unternehmen, Banken und dem Staat. Jeder Ökonom lernt dies im ersten Semester, aber einige
meiner Leser sind schließlich keine BWLer oder VWLer. In
einer Volkswirtschaft verdienen Haushalte Einkommen
durch Löhne oder Gehälter sowie Kapitalgewinne und nutzen diese, um Waren und Dienstleistungen von Unternehmen zu kaufen. Unternehmen verwenden die Einnahmen,
um Produktionsfaktoren wie Arbeit, Kapital und Rohstoffe
zu bezahlen und in neue Projekte zu investieren. Banken
agieren als Vermittler zwischen Sparern und Kreditneh-
mern. Man bezeichnet sie als Kapitalsammelstellen. Der

Staat beeinflusst den Geldkreislauf durch Einnahmen (z. B. Steuern) und Ausgaben (z. B. Infrastrukturprojekte). So wird schnell deutlich, dass Geld in der Wirtschaft immer in Bewegung ist.

Genießt die Party, aber tanzt in der Nähe der Tür!

Genießt die Parte, aber tanzt in der Nähe der Tür![10] Ein Spruch, der es schnell in die Kreise der Elite-Entscheider geschafft hat. Was soll er ausdrücken? Wen es ausführlich interessiert, bitte hier nachlesen.[11] Verkürzt bedeutet dieser Ausspruch, dass die klare Sicht auf langfristige Entwicklung unsicher ist und man **jederzeit schnell auch aus dem Markt** (ursprünglich ging es um Wirtschafts- und Zinsentwicklungen) **aussteigen können** muss. Also positive Effekte mitnehmen, aber sobald es Zeit wird zu gehen, schnell die Möglichkeit nutzen und während der rauschenden Feier immer auch wissen, wo sich der nächste Notausgang befindet.

---

[10] Bild generiert mit ChatGPT, Details siehe Anhang.

[11] Vgl. Die Welt, Genießt die Party, aber tanzt in der Nähe der Tür, 22.01.2001, https://www.welt.de/print-welt/article429311/Geniesst-die-Party-aber-tanzt-in-der-Naehe-der-Tuer.html.

Geomarketing

Geomarketing ist so einfach, wie es anspruchsvoll ist. Unternehmen betrachten dabei regionale (aber auch nationale oder internationale) Besonderheiten, wie z. B.

Kaufkraft, Einwohnerstruktur usw., um spezifisch auf die Region abgestimmte Unternehmensentscheidungen zu treffen. Für Entscheider nimmt diese Form des Marketings eine immer wichtigere Funktion in Erschließung und Ausbau von Märkten und bei der strategischen Unternehmensplanung ein.

Ghosting

Ghosting ist ein Begriff, der häufig im Kontext von zwischenmenschlichen Beziehungen verwendet wird, insbesondere in der Dating-Welt. Er bezieht sich auf das **plötzliche Abbrechen des Kontakts** zu einer anderen Person, ohne Erklärung oder Vorwarnung. In der Unternehmenswirklichkeit ist dieser Ausdruck mittlerweile in (fast) allen Führungsetagen angekommen. Wie das und wo und wie? Hier kommt die Erklärung. Nach einem kostspieligen und intensiven Auswahlprozess unterschreibt der Wunschkandidat den Arbeitsvertrag. Die HR-Verantwortlichen sind froh, dass nun eine Stelle wieder besetzt werden konnte, die Ressortverantwortlichen freuen sich auf die bald eintreffende Verstärkung. Doch was passiert immer häufiger? Der **Bewerber tritt die Stelle** zum avisierten Termin **nicht an** und meldet sich weder davor noch danach jemals wieder. Wie ein Geist.

Gleiswechsel

Gleiswechsel bedeutet im Kontext von Unternehmen einen spürbaren **Switch (Änderung der strategischen Ausrichtung)**. Ähnlich wie bei einem Zug, der auf ein anderes Gleis umgeleitet wird, soll damit ein Unternehmen neue

Wege einschlagen, um möglichst erfolgreich einen Richtungswechsel herbeizuführen.

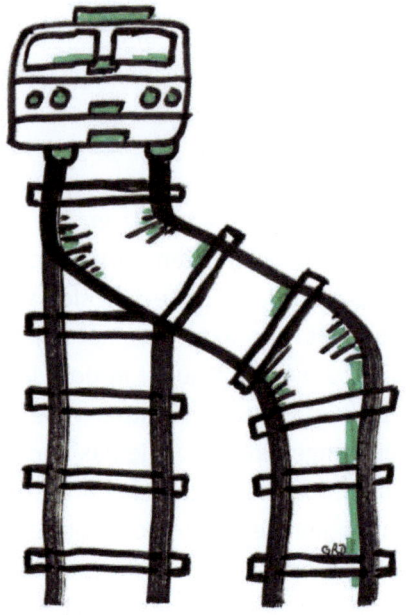

GoB

Die **GoB** (**G**rundsätze **o**rdnungsmäßiger **B**uchführung) sind Regeln und Prinzipien, die sicherstellen, dass die **Buchführung von Unternehmen korrekt und nachvollziehbar** ist. Dazu gehören Grundsätze wie Klarheit, Vollständigkeit, Richtigkeit und Nachprüfbarkeit der Buchungen. Diese Prinzipien sind unerlässlich, um ein wahres Bild der finanziellen Lage eines Unternehmens zu vermitteln und Vertrauen bei Share- und Stakeholdern und in die eigenen Zahlen zu schaffen.

going forward

Going forward meint für Entscheider **sich auf die Zukunft zu konzentrieren** und Maßnahmen zu planen, die sich auf kommende Zeiträume beziehen. Topmanager sollten die Business-Vergangenheit ihres Unternehmens kennen, um aus ihr zu lernen, aber den Blick nach vorne richten. Denn die Zukunft ist das, was man noch gestalten kann.

Gondelkopf

Gondelkopf ein Begriff aus dem Handel. Es sind dies die umsatzstärksten Verkaufsplätze (ca. fünf- bis zehnmal so hoch wie in anderen Regalen) in einem (Super-)Markt. Wo Sie diese finden? Ganz einfach, an der **Stirnseite der Regale.**

Gorilla 800

Gorilla 800[12] ist eine Metapher für Organisationen oder Akteure mit **außergewöhnlich großer Macht oder Markt-dominanz**. Sie handeln unabhängig von Regeln oder Konventionen, einfach weil sie es können – etwa große Konzerne, die ganze Märkte bestimmen.

---

[12] Bild generiert mit ChatGPT, Details siehe Anhang.

Der Begriff steht dafür, dass es Akteure gibt, die durch Größe, Kapital oder Einfluss ihre Marktstellung über Preise, Bedingungen etc. selbst diktieren können. Kurz gesagt, Gorilla 800 beschreibt Macht, die nicht fragt – sondern vorgibt. Wer in solchen Märkten bestehen will, braucht starke Nischen, kluge Allianzen oder viel Innovationskraft. Der Begriff bezieht sich übrigens auf das Gewicht eines Gorillas, der mit 800 Pfund ein extrem massiges Exemplar wäre.

Great-Man-Theorie

Die **Great-Man-Theorie** ist eine Führungstheorie, die besagt, dass außergewöhnliche **Führungspersönlichkeiten, gewissermaßen von Geburt an**, über einzigartige Eigenschaften, Qualitäten und Fähigkeiten verfügen, die sie zu herausragenden Führungskräften machen und die nicht durch Bildung oder Training erworben werden können. Die Great-Man-Theorie hat jedoch im Laufe der Zeit Kritik erfahren und wurde von späteren Leadership-Theorien weiterentwickelt und erweitert. Im Laufe der Zeit wurden andere Führungstheorien entwickelt, die einen breiteren Blick auf die Führungsdynamik werfen. Diese moderneren Ansätze betonen, dass Führungskompetenzen erlernt, entwickelt und in unterschiedlichen Kontexten angepasst werden können. Also ist mit Fleiß und Talent doch alles möglich.

H

Hamsterkäufe

Hamsterkäufe hat vermutlich (fast) jeder schon einmal gemacht, aber keiner gibt es zu. Es bezeichnet das Verhalten von Verbrauchern, bei vermuteten Lieferengpässen unverhältnismäßig große Mengen an bestimmten Produkten zu kaufen und zu horten. Wie? Nie erlebt? Dann denken Sie einmal an das Fehlen von Toilettenpapier, Sonnenblumenöl usw. in der Corona-Zeit. Was haben jetzt die possierlichen Hamster mit dem Begriff zu tun? Naja, diese legen sich große Vorräte für ihren Winterschlaf an. Das macht auch mehr Sinn als Panikkäufe von Menschen, denn diese kreieren eher eine Versorgungsnotlage, als dass sie diese verhindern.

hawkish vs. dovish

Hawkish[13] stammt von „hawk" (dt. Falke), der als **aggressiv und entschlossen** gilt. Demgegenüber steht **dovish**, abgeleitet von „dove" (dt. Taube), das eine eher **zurückhaltende und vorsichtige Haltung** bezeichnet. Klar, dass viele CEOs eher hawkish konditioniert sind.

---

[13] Bild generiert mit ChatGPT, Details siehe Anhang.

Herausforderungen sind dornige Chancen

Herausforderungen sind dornige Chancen bedeutet, dass **Schwierigkeiten** und Probleme oft auch Möglichkeiten für Wachstum und Verbesserung bieten. Die Metapher von Dornen bringt zum Ausdruck, dass diese Chancen nicht einfach oder schmerzfrei sind. Dennoch bergen sie das **Potenzial, positive Veränderungen zu bewirken**. Anders gesagt steckt hinter jeder Schwierigkeit auch eine Gelegenheit, die es wert ist, die Dornen (Hindernisse) aus dem Weg zu räumen, um Erfolg zu haben.

Hidden Champion

Hidden Champion bezieht sich auf **Unternehmen, die in ihrer Branche** oder Nische **führend** sind, **aber** außerhalb ihrer Bubble (relativ) **unbekannt** bleiben. Wer bei einem Hidden Champion die Strippen zieht, hat es in den Olymp der Unternehmenslenker geschafft. Gerne mal z. B. hier nachlesen und staunen, was man so alles nicht kennt.[14]

hinten sticht die Biene

Diese Redewendung bringt auf den Punkt, worauf es in Führung und Management oft wirklich ankommt: **Am Ende zählt das Ergebnis.**

Ob Projekt, Produkt-Launch oder Strategieprozess – der Anfang kann vielversprechend sein, die Zwischenetappen können solide verlaufen. Doch wie bei der Biene

---

[14] Vgl. iwd, Hidden Champions: Die Starken aus der zweiten Reihe, 27.09.2022, https://www.iwd.de/artikel/hidden-champions-die-starken-aus-der-zweiten-reihe-424550/.

entscheidet sich die Wirkung eines unternehmerischen Handelns **erst am Schluss**. Für Führungskräfte heißt das: Nicht der frühe Applaus zählt, sondern **die nachhaltige Wirkung**. In Zeiten von Schnelllebigkeit und Hype-Kultur erinnert der Spruch daran, langfristig zu denken – und es ist erst Schluss, wenn der Schiedsrichter abgepfiffen hat.

hustlen

Hustlen ist eigentlich ein Jugendwort, hat es aber bis in die Vorstandsetagen geschafft. In der deutschen Jugendsprache hat der Begriff die Bedeutung von harter Arbeit und Anstrengung. Ein „Hustler" beschreibt somit eine Person, die sich sehr anstrengt, um ihre Ziele zu erreichen. Diese Bedeutung wurde aufgegriffen und in die Business-Sprachwelt integriert. Im Unternehmenskontext bedeutet es, sich intensiv und energisch zu **engagieren, um Ziele zu erreichen**. Es beschreibt eine Arbeitsweise, die durch hohe Produktivität, Einsatzbereitschaft und die Fähigkeit, schnell auf Herausforderungen zu reagieren, gekennzeichnet ist.

I

Idee galoppiert nicht

Dieser Ausspruch ist in Anlehnung an den Pferdesport zu verstehen, dem nicht wenige Entscheider zugeneigt sind. Gemeint ist damit, dass die wunderbare Planung leider hart auf dem Boden der Realität aufgeschlagen ist. Kurzum, Ihre großartige Idee interessiert niemanden.

Impact

Impact bedeutet "**Auswirkung**" oder "Einfluss". Im Unternehmenskontext bezieht sich der Begriff auf die positiven oder negativen Konsequenzen von Handlungen und Entscheidungen auf den Unternehmenserfolg. Ein Begriff, der häufig durch die Luft schwirrt, wenn Entscheider andere von ihren Maßnahmen überzeugen wollen.

Inbound- vs. Outbound-Marketing

Inbound-Marketing drückt aus, dass Unternehmen Kunden mit **relevanten und nützlichen Inhalten** von selbst anziehen, anstatt aktiv Werbung hinauszuposaunen. Potenzielle Kunden finden aus eigenem Antrieb zum Unternehmen – etwa über Suchmaschinen, Blogs oder Social Media-Beiträge – weil dort ihre **Fragen beantwortet oder Probleme gelöst** werden. Eine Firma veröffentlicht beispielsweise einen Ratgeberartikel, den jemand über eine Suchmaschine findet. Der Leser entwickelt daraufhin Interesse an den Produkten der Firma, **ohne dass klassisch Werbung auf ihn abgefeuert wurde.**

Outbound-Marketing umfasst die **klassischen Werbemaß-nahmen**, bei denen ein Unternehmen **aktiv auf Kunden zu-geht**. Dazu zählen z. B. Fernsehwerbung, Radiowerbung, Kaltakquise-Anrufe oder Werbe-E-Mails, die ungefragt zugestellt werden. Hierbei wird die Werbebotschaft nach außen gepusht (dt. gedrückt), in der Hoffnung, Aufmerksamkeit bei potenziellen Kunden zu erzeugen, z. B. durch das Verteilen von Flyern oder das Schalten von Werbebannern in Zeitungen.

ins Boot holen

Ins Boot holen ist ein wichtiger Skill für Führungseliten. Sie müssen es schaffen, z. B. **Mitarbeiter, Lieferanten**, Banken usw. **dazu zu bringen**, sich u. a. mit dem jeweiligen Unternehmen zu identifizieren und **positiv zu beteiligen**. Denn gemeinsam erreicht man Ziele erheblich leichter.

Insight

Insight bedeutet nichts anderes als **Einblick oder Erkenntnis**. Manager nutzen diesen Begriff, um den Moment oder den Prozess zu beschreiben, in dem jemand eine neue und tiefgreifende Erkenntnis über etwas gewinnt, was zu einem besseren Verständnis oder zu neuen Lösungsansätzen führen kann.

Intellectual Property

Noch nie gehört? Oh doch! Nur in Führungszirkeln nutzt man halt gerne Englisch. Intellectual Property steht für **geistiges Eigentum** und bezieht sich auf Rechte, die auf kreativen Werken oder immateriellen Ideen beruhen. Denn auch Geistesblitze sind bares Geld wert.

interne Revision

Die **interne Revision** ist eine unabhängige und objektive Prüfungsfunktion innerhalb einer Organisation. Sie dient dazu, **Risiken zu identifizieren**, Missstände aufzudecken und Empfehlungen zur Verbesserung der Unternehmensführung und -kontrolle abzugeben. Ein mächtiges Tool, wenn man es gekonnt zu nutzen weiß.

J

Job Crafting

Job Crafting bezeichnet die gezielten Anpassungen, die Mitarbeiter in ihrem Beruf vornehmen, um ihre Aufgaben und Verantwortlichkeiten besser an ihre eigenen Fähigkeiten und Interessen anzupassen und aktiv mitzugestalten. Es bedeutet, den eigenen Arbeitsplatz so zu gestalten, dass er die individuellen Stärken betont und die Motivation steigert. Das Ziel des Job Crafting ist es, eine bessere **Übereinstimmung zwischen den Anforderungen des Jobs und den Eigenschaften der Person zu erreichen**, um den sogenannten **Person-Job-Fit** zu verbessern. Für Unternehmensverantwortliche wird es immer wichtiger, ihre Personalabteilung anzuweisen, solche Freiräume zu ermöglichen. Job Crafting ist vereinfacht ausgedrückt das **aktive und individuelle Gestalten der eigenen Arbeit**, die aus der Eigenmotivation entspringt.

Johari-Fenster

Das **Johari-Fenster** ist kein neuer Baustil, sondern ein Modell zur Analyse von Eigen- und Fremdwahrnehmung. Die Einsatzmöglichkeiten sind vielfältig und reichen von Teamentwicklung, Feedbackgesprächen und der Integration neuer Teammitglieder bis zur Verbesserung von Teamkommunikation und Effizienz. Spannend dabei ist, dass man neue Erkenntnisse über sich selbst und den Abgleich von Eigen- und Fremdwahrnehmung fördert. Dabei stellt es bewusste und unbewusste Persönlichkeitsmerkmale in einem vierteiligen Diagramm dar. Durch Feedback und

Selbstoffenbarung können Teammitglieder ihr Verhalten und die Gruppendynamik besser verstehen, was die Kommunikation, Integration und Effizienz im Team verbessert. Der besondere Kick liegt darin, das „Öffentliche Feld" auszuweiten. Dies erleichtert dann z. B. in Projekten das Annehmen von Feedback und die bessere Kommunikation der Beteiligten.

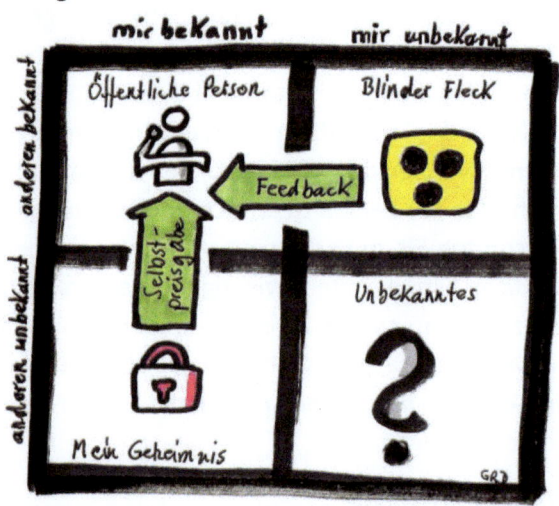

Just-in-sequence-Produktion (JIS)

Just in Sequence (JIS) ist ein Konzept im Supply Chain Management. Es beinhaltet die **pünktliche Lieferung** von Materialien nicht nur zum richtigen Zeitpunkt, sondern auch in der **exakten Reihenfolge**, in der sie im Produktionsprozess benötigt werden. Dies verbessert Effizienz, reduziert Lagerbestände und erhöht die Flexibilität. Besonders relevant in komplexen Produktionsprozessen wie der Automobilindustrie, erfordert JIS enge Kooperation zwischen Herstellern und Lieferanten.

K

kannibalisieren

Kannibalisieren[15] bedeutet in der Ökonomie, dass ein Unternehmen mit einem **neuen Produkt** oder einer neuen Dienstleistung **die eigenen Umsätze negativ beeinflusst**, indem es Kunden vom bestehenden Angebot abzieht.

Dies passiert, wenn das neue, verbesserte Produkt die Nachfrage nach dem älteren Produkt des gleichen Unter-

---

[15] Bild generiert mit ChatGPT, Details siehe Anhang.

nehmens verringert. Das neue Produkt "kannibalisiert" also die Verkäufe oder Marktanteile des alten Produkts.

Kaufmotiv

Das **Kaufmotiv** ist der **Grund** oder Anreiz, der einen **Verbraucher dazu bewegt**, ein **Produkt** oder eine **Dienstleistung zu erwerben**. Die Gründe dafür sind vielfältig und können emotional, rational und / oder sozial getriggert sein. Unternehmen richten ihren Fokus sehr stark darauf aus, die Kaufmotive ihrer Kunden so gut wie möglich zu kennen und zu lenken.

Keynote

Wer noch nie eine Keynote gesprochen hat, ist noch nicht im Führungsolymp angekommen. Eine Keynote ist eine Rede oder Präsentation, die den **Hauptvortrag** bei einer Veranstaltung oder Konferenz darstellt. Sie wird in der Regel von einer prominenten Person gehalten, die über Fachkenntnisse, Erfahrungen oder ein besonderes Thema verfügt, das für das Publikum von Interesse ist. Typischerweise findet die Keynote am Anfang einer Veranstaltung statt, um die Teilnehmer zu motivieren und auf die folgenden Programmpunkte einzustimmen. Sie kann aber auch während einer Veranstaltung als Höhepunkt oder als Abschlussrede gehalten werden.

Kill Chain

Kill Chain ist ein Begriff aus der IT-Sicherheit (Cyber-Security). Seinen Ursprung hat dieses Konzept im militärischen Bereich, wo es die Abfolge von **Handlungen** beschreibt, die **nötig sind, um den Feind zu besiegen**. Für

Unternehmen ist dieses Thema mittlerweile hoch virulent, da sehr viele Hacker-Angriffe auf Unternehmen stattfinden. IT-Sicherheitsfirmen werden beauftragt, um Kill-Chain-Attacken abzuwehren, bevor Schaden entsteht, oder um die negativen Folgen zu minimieren. Wer meint, es kann sein Unternehmen nicht treffen, reitet auf der Rasierklinge. Zumindest sollten progressive Entscheider überlegen, eine Cyber-Versicherung abzuschließen, um im Schadensfall nicht auf den immensen Kosten sitzen zu bleiben.

Klumpenrisiko

Ein **Klumpenrisiko** beschreibt in der Finanzwelt die Gefahr, dass ein **Anleger** eine beträchtliche Menge seines **Kapitals in einem einzigen Vermögenswert** oder einer einzigen Anlageklasse hält. Diese Konzentration birgt das Risiko erheblicher Verluste. **Diversifikation (Streuen von Investitionen)** kann das Risiko von Verlusten mindern, da positive Entwicklungen in einem Segment die negativen Auswirkungen aus einem anderen Bereich ausgleichen können.

Konsumklimaindex

Der **Konsumklimaindex** misst die Stimmung und das Konsumverhalten der Verbraucher in einer Volkswirtschaft. Er wird regelmäßig erhoben und gibt Aufschluss über die Zukunftserwartung der Konsumenten bezüglich ihrer finanziellen Situation, der **allgemeinen Wirtschaftslage** und ihrer **Bereitschaft, Geld auszugeben**. Ein hoher Indexwert deutet auf optimistische Verbraucher und eine mögliche Steigerung der Konsumausgaben hin. Die Wirtschaft liebt es, wenn der Wert steigt.

Kreditausfallversicherung

Eine **Kreditausfallversicherung** schützt Kreditgeber vor Verlusten, wenn Kreditnehmer ihre Schulden nicht zurückzahlen können. Sie **übernimmt im Falle eines Zahlungsausfalls die offenen Forderungen**. Diese Versicherung mindert das Risiko für Kreditgeber und erleichtert die Kreditvergabe. Ansonsten gilt, was bei Versicherungen immer gilt: auf das Kleingedruckte in den Versicherungsbedingungen achten und prüfen, ob die (möglichen) Schadenshöhen und Eintrittswahrscheinlichkeiten die (hohen) Versicherungszahlungen wert sind. Sonst wird eine (hohe) Prämie bezahlt und im schlechtesten Fall keine Zahlung durch die Versicherung geleistet.

L

Lanze brechen

Dieser Ausdruck ist eine (zeitlose) Redewendung und bedeutet, **sich energisch und öffentlich für jemanden oder etwas einzusetzen.** Gerade das erwarten Leader von ihrem Gefolge auch noch heute, fast ganz so wie in der Zeit des Rittertums. Denn in diesem Kontext wird der Ausspruch im übertragenen Sinnen heute verwendet. Ganz vereinfacht historisch dargelegt, ziehen zwei Ritter zu Pferd mit Lanzen gegeneinander in den sogenannten Tjost (Lanzenstechen). Dabei reiten die Ritter aufeinander zu, nur durch eine Schranke (Tilt) separiert, und versuchen, dabei den jeweiligen Gegner vom Pferd zu stoßen. Na, Botschaft schon angekommen? Manchmal lohnt es sich, für andere zu kämpfen, aber das Risiko der Niederlage steht auch heute noch im Raum.

Lasswell-Formel

Die **Lasswell-Formel** ist eine vereinfachte Darstellung des Kommunikationsprozesses und wird im Marketing benutzt. Wie das geht? Die Lasswell-Formel analysiert Kommunikationsprozesse anhand von fünf Leitfragen: **Who says what in which channel to whom with what effect?** Im Marketing bedeutet das: Wer kommuniziert (z. B. Marke, Influencer), was (die Botschaft), über welchen Kanal (z. B. Social Media), an wen (Zielgruppe) und mit welchem Ziel (z. B. Kauf, Imageaufbau).

Die Lasswell-Formel hilft, strategische Kommunikation zielgerichtet zu planen und zu bewerten. Na, neugierig geworden? Was glauben Sie, woher z. B. Influencer ihre Berechtigung ziehen? Für Influencer ist die Formel in der Tat essenziell, da sie Authentizität, Zielgruppenkenntnis und Wirkung miteinander verbindet. Damit wird klar, wie Inhalte platziert werden müssen, um Wirkung zu erzielen.

last line of defence

Last Line of Defence (dt. **letzte Verteidigungslinie**) stammt ursprünglich aus dem militärischen Bereich und bezeichnet die finale Schutzmaßnahme, die einen Gegner daran hindert, sein Ziel zu erreichen. Im Management wird dieser Begriff oft im **Risikomanagement** verwendet. Für Manager bedeutet dies, dass sie robuste Kontrollmechanismen implementieren sollten, um sicherzustellen, dass Risiken auf allen Ebenen des Unternehmens effektiv gemanagt werden. Die letzte Verteidigungslinie dient somit der langfristigen Stabilität und Integrität des Unternehmens.

Lead-Generierung

Lead-Generierung (engl. **Lead Generation**) ist ein Begriff, unter dem man alle Aktivitäten versteht, die darauf abzielen, **Interesse bei potenziellen Kunden zu wecken und deren Kontaktdaten zu erhalten**. Ein **Lead** ist ein angehender Kunde, der beispielsweise seine E-Mail-Adresse hinterlassen hat, um mehr Informationen zu bekommen. Beispiel: Ein Softwareunternehmen bietet ein kostenloses E-Book an, das Interessenten herunterladen können – im Gegenzug registrieren sie sich mit ihrer E-Mail-Adresse. Sie werden so zu Leads, die später vom Vertrieb kontaktiert werden können.

Leadership-Aufgabe

Kurze Übersetzung gefällig? Hier ist sie: „Das ist **Chefsache**". Wer eine solche Aufgabe aus dem Mittelbau der Unternehmensstruktur übertragen bekommt, ist im Fahrstuhl nach oben. Dann muss man aber auch liefern und nicht jammern.

Lieferkette

Die **Lieferkette** umfasst alle **Schritte** und Prozesse, die **zur Produktion und Lieferung eines Produkts an den Endverbraucher nötig** sind. Sie beginnt mit der Beschaffung von Rohstoffen und erstreckt sich über Produktion, Lagerung und Transport bis zum Verkauf. Effizientes Lieferkettenmanagement sorgt für reibungslose Abläufe und Kostenoptimierung. Die Organisation und Überwachung der Prozesse wird als Logistik bezeichnet Wer nicht glaubt, dass reibungslose Lieferketten große Probleme vermeiden können, sei hier an den Stau im Suezkanal erinnert.[16]

Line Extension

Line Extension meint im Marketing und Produktmanagement die Strategie, eine bestehende **Produktlinie um neue Varianten** oder Modifikation zu **erweitern**, die mit der bereits etablierten Marke verbunden sind. Dabei werden zusätzliche Produkte unter derselben Marke eingeführt, um

---

[16] Vgl. DW, Mischa Ehrhardt, Der blockierte Suezkanal und die Wirtschaft, 25.03.2001, https://www.dw.com/de/der-blockierte-suezkanal-und-die-weltwirtschaft/a-56989523.

das bestehende Sortiment zu ergänzen oder neue Markt-segmente anzusprechen. Wie? Nicht verstanden? Dann hier ein Beispiel. Neben der klassischen Coca-Cola gibt es Varianten wie Coca-Cola Zero, Coca-Cola Light, Coca-Cola Cherry usw.

Lorenzo-da-Ponte-Gefahr

Die **Lorenzo-da-Ponte-Gefahr** kennt jeder Manager, aber keiner will es je über sich hören. Meint der Ausdruck doch: **Wer hoch fliegt, kann tief fallen**. Wenn dieser Ausdruck im Raum steht, wird es sehr gefährlich. Er leitet sich ab von dem weltbekannten Librettisten Lorenzo da Ponte, der die großen Mozart-Opern sang. Umschwärmt und gefeiert und dann tief gestürzt (insbesondere, weil er kein glückliches Händchen bei Geldangelegenheiten hatte) gilt er allen Füh-rungskräften als Mahnmal, wie nah Ruhm und Erfolg dem Absturz stehen. Tröstlich ist, er kam über viele Umwege wieder auf die Beine. Wer etwas mehr über das wechsel-volle Leben von Lorenzo da Ponte nachlesen möchte, kann hier schauen.[17]

Loud Quitting

Loud Quitting ist ein Ausspruch, der verstärkt in die Chef-etagen vordringt, denn es finden immer häufiger Kündi-gung auf eine dramatische und auf Öffentlichkeit zielende Weise statt. Dabei will der Mitarbeiter mit seinem

---

[17] Vgl. Deutschlandfunk Kultur, Lydia Rilling, Wie die italienische Oper nach New York kam: Die späten Jahre von Lorenzo da Ponte, 26.07.2019, https://www.deutschlandfunkkultur.de/die-spaeten-jahre-von-lorenzo-da-ponte-wie-die-italienische-100.html.

dröhnenden Abgang Unzufriedenheit ausdrücken oder auf Probleme bzw. Missstände aufmerksam machen. Loud Quitting kann auch über soziale Medien erfolgen. Diese Form des Auseinandergehens von Arbeitnehmer und Arbeitgeber kann schwerwiegende Auswirkungen auf den Ruf der betreffenden Person, aber auch für das Unternehmen haben.

M

Malware

Malware, die Abkürzung für "malicious software", ist **Schadsoftware**, die nur den Zweck hat, **Unternehmens-netzwerke** und deren Computer, mobile Endgeräte etc. **an-zugreifen** und dann zu **unberechtigten Datenzugriffen** zu kommen. Ziel dabei ist es, Daten zu stehlen, Dateien un-brauchbar zu machen usw. und damit Geld von Unterneh-men zu erpressen. Leider ein Bereich, der stark wächst und Entscheider viel Kraft und Geld kostet, um die Angriffe ab-zuwehren.

Marge

Marge bezieht sich auf die **Differenz zwischen den Kosten und dem Verkaufspreis** eines Produkts oder einer Dienst-leistung. Kurz gesagt, die **Gewinnspanne.** Margen sind wichtige Kennzahlen, die Unternehmen verwenden, um die Rentabilität ihrer Geschäftsaktivitäten zu bewerten und strategische Entscheidungen zu treffen.

Markenwert

Der **Markenwert** (engl. **Brand Equity**) bezeichnet den **Wert einer Marke in den Köpfen der Verbraucher**. Eine starke Marke hat einen hohen Markenwert, weil Kunden ihr ver-trauen und **bereit sind, für ihre Produkte mehr zu bezah-len.** Dieser Wert entsteht durch Bekanntheit, Image und Erfahrungen mit der Marke. Beispielsweise greifen viele Menschen lieber zu einem bekannten Markenkleidungsstück und zahlen dafür mehr, weil sie der Marke vertrauen – dieser **Vertrauensvorschuss** ist Teil des Markenwerts.

Market for Lemons

Market for Lemons[18] (dt. „Markt für Zitronen") stammt aus der Wirtschaftswissenschaft und wurde 1970 von George Akerlof eingeführt. Er beschäftigte sich mit dem Phänomen asymmetrischer Information auf Märkten. In einem "Market for Lemons" treten folgende Merkmale auf.

Asymmetrische Information: Verkäufer von Produkten oder Dienstleistungen haben oft mehr Informationen über die Qualität und den Zustand der Produkte als die Käufer. In einem Zitronen-Markt haben Verkäufer mehr Informationen über die minderwertigen Zitronen-Produkte im Vergleich zu den hochwertigen Produkten.

Adverse Selektion: Aufgrund der asymmetrischen Information haben Käufer Schwierigkeiten, zwischen minderwertigen und hochwertigen Produkten zu unterscheiden. Wenn Käufer nicht sicher sind, welche Produkte von guter Qualität sind, sind sie eher bereit, nur niedrige Preise zu zahlen, um Risiken zu minimieren. Dies führt dazu, dass Verkäufer mit hochwertigen Produkten zögern, auf den Markt zu kommen, da sie möglicherweise nicht den vollen Wert für ihre Produkte erhalten.

Qualitätsverdrängung: Die Präsenz minderwertiger Produkte (Zitronen) kann dazu führen, dass hochwertige Produkte aus dem Markt gedrängt werden. Käufer sind nicht bereit, hohe Preise für Qualitätsprodukte zu zahlen, wenn

---

[18] Bild generiert mit ChatGPT, Details siehe Anhang.

sie mangels Prüfmöglichkeiten befürchten, minderwertige Produkte zu erhalten.

marry, not marry

Marry, not marry (dt. „Heiraten oder nicht heiraten") beschreibt eine Situation, die viele Chefs kennen: **Entscheidungen treffen, die das Berufs- und Privatleben betreffen**. Sie glauben, das ist einfach für Topmanager? Dann wird es Zeit für ein Beispiel. In einem Brief an seine Cousine Emma Wedgwood (später seine Frau) vom 11. Juli 1838 überlegte Charles Darwin, ob er heiraten sollte. Er überlegte, ob eine Ehe seine Karriere als Naturforscher beeinträchtigen würde. Darwin sah Vorteile wie Gesellschaft und Kinder, aber auch mögliche Nachteile für seine wissenschaftliche Arbeit. Trotz Bedenken heiratete er Emma im Januar 1839. Sie hatten zehn Kinder und eine glückliche Ehe, und Darwin wurde ein bedeutender Naturforscher.[19] Was hat das mit Führung zu tun? Als Chef müssen Sie oft Ihre beruflichen Pflichten mit Ihrem Privatleben ausbalancieren. Denken Sie mal darüber nach.

Maximin-Regel

Die **Maximin-Regel** ist ein Prinzip der Entscheidungstheorie, das auf Risikoaversion basiert. Sie besagt, dass in unsicheren Situationen die Option gewählt wird, die selbst **im ungünstigsten Fall das beste Ergebnis liefert**. Dies dient der Minimierung von Risiken und der Fokussierung auf das Worst-Case-Szenario. Die Regel wird gerne von risikoscheuen Entscheidungsträgern genutzt, um schlimmste mögliche Auswirkungen zu verhindern. Es sei hier gesagt, dass Entscheidungen (eigentlich immer) unter Unsicherheit getroffen werden. Auch dann, wenn man glaubt, alles sei bedacht.

Me-too-Produkte

Me-too-Produkte ist ein Begriff, der sicher viele Assoziationen auslöst. Doch wir sind hier in der Welt der Ökonomie. Dennoch ist die Bedeutung auch hier nicht unbedingt positiv. Me-too-Produkte sind Erzeugnisse, die auf bereits

---

[19] Vgl. University of Cambridge, Darwin Correspondence Project, Darwin on Marriage, https://www.darwinproject.ac.uk/tags/about-darwin/family-life/darwin-marriage.

erfolgreich **etablierten Produkten** basieren und diese **nachahmen**. Ärgerlich für die Erfinder ist, dass diese Produkte von den Nachahmern mit geringeren Kosten produziert werden können und häufig einen hohen Marktanteil erreichen.

mea culpa

Mea culpa ist lateinisch und bedeutet übersetzt "durch meine Schuld" oder **"mein Fehler"**. Es wird verwendet, um Ausdruck für Reue, Selbstkritik oder das Eingeständnis eigener Fehler oder Versäumnisse zu zeigen. Es kann in vielen Situationen verwendet werden, um Fehler anzuerkennen und den Willen zur Selbstverbesserung oder zur Wiedergutmachung zu signalisieren. Ein etwas altmodisch daherkommender Begriff, der aber bei Topmanagern mittlerweile (wieder) häufig genutzt wird.

Mentoring

Wenn wir von **Coaching** sprechen, verstehen die meisten Menschen darunter die **Begleitung von Mitarbeitern zur Förderung ihrer (Kern-)Kompetenzen**. Doch was verbirgt sich hinter dem Begriff Mentoring? Er beschreibt den Prozess, bei dem eine Person, der **Mentor, ihr Wissen** und ihre Fähigkeiten einer **anderen Person**, dem **Mentee** oder Ratsuchenden, **zur Verfügung stellt**. Der Mentee verfolgt dabei das Ziel, sich beruflich und / oder persönlich weiterzuentwickeln, wobei der Mentor ihn unterstützt.

MOOC

Wer in der universitären Bildung arbeitet, kennt den Begriff, aber immer häufiger nutzen auch die HR-Abteilungen von Unternehmen die **M**assive **O**pen **O**nline **C**ourses (**MOOCs**), um ihre High-Potentials im Führungs- oder Fachnachwuchs akademisch aufzuschlauen. Dabei werden **Online-Kurse auf akademischem Niveau** durchgeführt, die via Videostream o. ä. ablaufen. MOOCs vermitteln somit Bildung mit niedrigschwelligem Zugang, aber eben auf hohem Niveau. Einfach mal ausprobieren!

monetarisieren

Monetarisieren[20] bedeutet die Umwandlung von z. B. Ideen, Produkten, Dienstleistungen, Sachgütern usw. in Geld.

---

[20] Bild generiert mit ChatGPT, Details siehe Anhang.

Also einen **finanziellen Nutzen aus etwas ziehen**. Ein Beispiel wäre, das Immobilienvermögen eines Unternehmens zu monetarisieren, also zu verkaufen, um die Menge liquider Mittel zu erhöhen.

Moral Hazard

Moral Hazard bezieht sich auf eine Situation, in der eine Person oder eine Institution ein höheres Risiko eingeht, weil sie sich gegenüber den Konsequenzen ihres Handelns weniger verantwortlich fühlt. Die Übersetzung lautet **moralisches Risiko**. Dies tritt oft auf, wenn eine Person weiß, dass sie vor den negativen Auswirkungen ihrer Entscheidungen geschützt oder dagegen abgesichert ist. In wirtschaftlichen Zusammenhängen tritt Moral Hazard oft in Bezug zu Versicherungen oder Krediten auf. Zum Beispiel kann jemand, der eine umfassende Krankenversicherung hat, weniger vorsichtig mit seiner Gesundheit umgehen, weil er weiß, dass die Kosten im Falle einer Krankheit abgedeckt sind. Bei Banken und Finanzinstitutionen kann Moral Hazard auftreten, wenn sie riskante Investitionen eingehen, weil sie glauben, dass der Staat im Fall eines Scheiterns einspringen wird. Dies wird manchmal auch als **Too-Big-to-Fail-Problem** bezeichnet.

Moving Target

Moving Target bezeichnet ein sich **ständig änderndes Ziel**, das schwer zu treffen oder zu erreichen ist. In der Geschäftswelt bezieht sich dieser Begriff auf Ziele oder Anforderungen, die sich kontinuierlich verändern, was die Planung und Umsetzung von Strategien erschwert. Genau wie beim Schuss auf eine Zielscheibe sollte man das eigentliche

Ziel nie aus den Augen verlieren. Und eine gute Atemtechnik, Konzentration und Ruhe helfen dabei, das Zentrum zu treffen. Im übertragenen Sinne gilt dies eben auch für eine Unternehmensentscheidung in einem sich schnell (ver)ändernden Markt.

Multi-Level-Marketing (MLM)

Multi-Level-Marketing (MLM), auch bekannt als Network-Marketing oder **Strukturvertrieb**, ist ein Geschäftsmodell, das darauf abzielt, Produkte oder Dienstleistungen durch ein Netzwerk von Vertriebspartnern zu vermarkten bzw. zu vertreiben. Als Besonderheit ist zu sehen, dass Kunden in den Marketingprozess einbezogen werden. Kunden haben somit die Möglichkeit, Produkte, die ihnen zusagen, an andere potenziell interessierte Personen zu empfehlen. Für diese Tätigkeit erhalten sie in der Regel Vergütungen in Form von Provisionen. Jetzt wird auch klarer, wie sog. Influencer ihren Lebensunterhalt bestreiten.

my way or the highway

My way or the highway steht für einen kompromisslosen Führungsstil: Entweder die Dinge laufen nach den Vorstellungen der Führungskraft – oder man kann gehen. Für Manager bedeutet das: Es handelt sich um **autoritäre Führung**, bei der wenig Raum für Mitbestimmung, Teamideen oder alternative Lösungen bleibt. Zwar kann dieser Ansatz in Ausnahmesituationen kurzfristig Entscheidungen beschleunigen – langfristig jedoch leidet die **Mitarbeitermotivation, Innovationskraft** und oft auch das Betriebsklima. Moderne Führung setzt dagegen auf **Einbindung, Vertrauen und Dialog** – nicht auf sture Ansagen. Denn starke Teams entstehen nicht durch Druck, sondern durch Beteiligung. Heute gilt: **Let's find the best way – together.**

N

Nash-Gleichgewicht

Das **Nash-Gleichgewicht** ist ein zentrales Konzept in der Spieltheorie, benannt nach dem Mathematiker John Nash. Es beschreibt eine Situation in einem Spiel, in der **jeder Spieler die für ihn beste Entscheidung trifft, unter der Annahme, dass die anderen Spieler ihre Strategien nicht ändern.** Konkret besagt das Nash-Gleichgewicht, dass in einem Spiel mit mehreren Spielern, wenn jeder Spieler seine Strategie unter der Voraussetzung wählt, dass die anderen Spieler ihre Strategien beibehalten, keiner der Spieler einen Anreiz hat, von seiner eigenen Strategie abzuweichen. Es ist wichtig zu betonen, dass das Nash-Gleichgewicht nicht unbedingt das beste Ergebnis für alle Spieler bedeutet, sondern lediglich ein Zustand, in dem keine einzelne Partei durch eine Änderung ihrer Strategie einen Vorteil erlangen kann, solange die anderen Spieler ihre Strategien nicht ändern. Ein bisschen wie Tic-Tac-Toe für Fortgeschrittene.

No-Brainer

Der Begriff **No-Brainer** hat zwei gängige Konnotationen. Einmal meint man damit eine **Person, die einfach nicht versteht, was man ihr erklärt** oder womit man sie beauftragt hat. Zum anderen kann auch eine **Aufgabe** gemeint sein, die man **ohne Nachdenken durchführen kann.**

No-Go

No-Go ist ein Ausdruck, der verwendet wird, um etwas zu kennzeichnen, das **inakzeptabel, unangemessen oder tabu** ist. Es handelt sich um eine Handlung, eine Verhaltensweise oder eine Aussage, die als unangebracht oder unerwünscht betrachtet wird und die sozialen Normen oder Regeln widerspricht. Im beruflichen Kontext meint dies zum Beispiel Fehlverhalten am Arbeitsplatz, ungerechte Behandlung von Mitarbeitern, mangelnde Selbstreflexion usw.

O

Onboarding

Onboarding kommt aus dem HR und bezieht sich auf den **Prozess**, durch den **neue Mitarbeiter** in ein Unternehmen **eingeführt und integriert** werden. Ziel des Onboardings ist es, neuen Mitarbeitern zu helfen, sich schnell und effektiv in ihre Rollen einzufinden und sich in die Unternehmenskultur einzugliedern. Ein gut durchgeführter Onboarding-Prozess trägt dazu bei, dass neue Mitarbeiter sich willkommen fühlen, schneller produktiv werden und idealerweise langfristig im Unternehmen bleiben.

OODA-Loop

OOODA-Loop steht für "**O**bservation, **O**rientation, **D**ecision, **A**ction" und ist ein Konzept aus der Militärstrategie, entwickelt von John Boyd. Später wurde er auf das „Schlachtfeld" der Unternehmenslenker übertragen. Der OODA-Loop ist ein iterativer Prozess, der auf neue Ereignisse angewendet wird. Manager nutzen ihn, um **flexibel und agil auf sich verändernde Umstände und Herausforderungen zu reagieren.** Er hilft, schnelle Entscheidungen zu treffen und den Wettbewerb zu überwinden. Im OODA-Loop beobachtet man zunächst die aktuelle Situation, orientiert sich anhand dieser Beobachtungen, trifft Entscheidungen und handelt entsprechend. Ein Schlüsselaspekt besteht darin, den eigenen OODA-Loop schneller zu durchlaufen als der Gegner, Wettbewerber oder – wie es im Unternehmenskontext heißt – Marktbegleiter. Im Wettbewerb zählt die schnellere und effektivere Entscheidungsfindung.

Organigramm

Ein **Organigramm** ist eine grafische Darstellung der Struktur einer Organisation, eines Unternehmens oder einer Institution. Man könnte es im übertragenen Sinne als eine Landkarte eines Unternehmens verstehen. Organigramme dienen dazu, die Organisationsstruktur visuell darzustellen, um Mitarbeitern, aber auch (externen) Anspruchsgruppen ein besseres Verständnis für die Hierarchie und die Verantwortlichkeiten innerhalb der Organisation zu vermitteln. Sie sind aus Organisationseinheiten (Abteilungen), Stellen oder Rollen (Arbeitsplätze in den Abteilungen) und Personen (Mitarbeiter, die die Stellen besetzen) aufgebaut, die mit jeweils anderen grafischen Symbolen oder farblich abweichend dargestellt werden. Verbindungslinien zeigen die Unter- und Überordnungen, Bestandteile und Besetzungen an.

Organigramme sind ein nützliches Hilfsmittel für die Kommunikation, die Planung von Arbeitsabläufen und die Organisation von Ressourcen im Unternehmen sowie mit anderen Organisationen. Vereinfacht ausgedrückt ist ein Organigramm eine **visuelle Darstellung der Aufbauorganisation** eines Unternehmens. Übrigens schon 1855 von Daniel Craig McCallum genutzt.

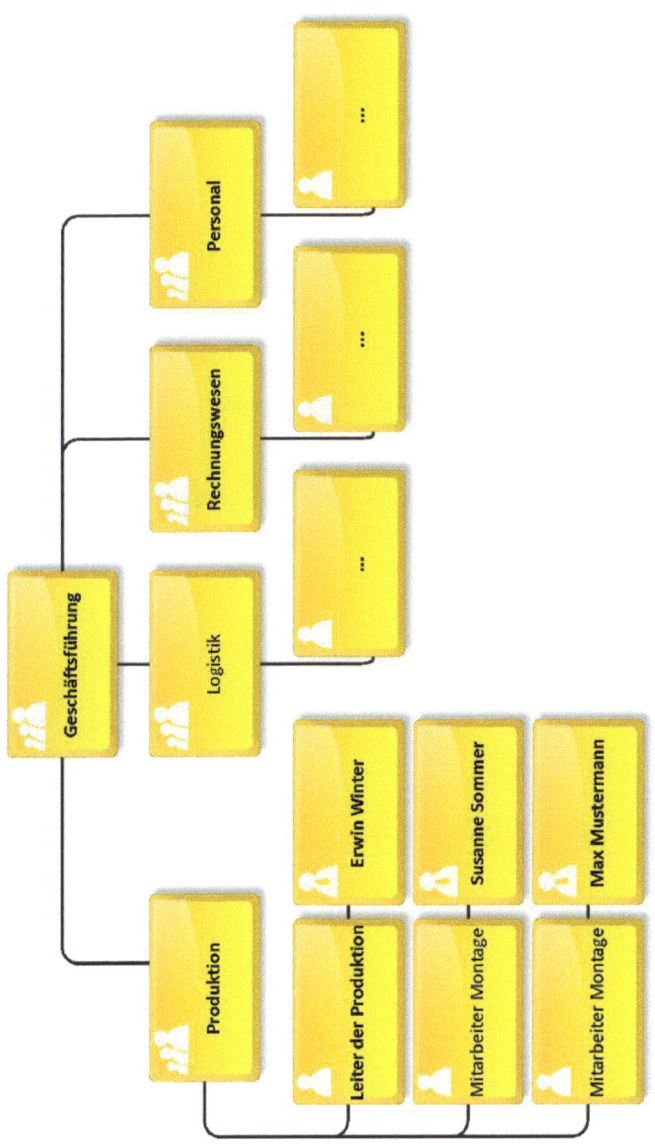

Overhead

Overhead wird gerne von mir und anderen Entscheidern als „Gemeinkostensilo" bezeichnet. In diesem Silo (**Lagerplatz**) versammeln sich sog. **indirekte Kosten**, die in einem Unternehmen anfallen und nicht direkt einem bestimmten Produkt, einer Dienstleistung usw. zugeordnet werden können. Einige Beispiele sind Verwaltungskosten, Büromaterial etc. Wer die Overhead-Kosten nicht gut im Griff hat, kauft sich entscheidende Nachteile bei Kosteneffizienz und Rentabilität ein.

Overstock

Overstock bezieht sich auf eine Situation, in der ein Unternehmen mehr Waren auf Lager hat, als es benötigt oder verkaufen kann. Kurz: **Lagerüberbestand**. Dies kann verschiedene Gründe haben, wie z. B. Fehleinschätzung der Nachfrage, saisonale Schwankungen, Änderungen in der Nachfrage usw. Overstock tut keinem Unternehmen gut und sollte daher immer auf dem Entscheider-Radar beobachtet werden.

P

pecunia non olet

Pecunia non olet[21] muss man als Ausdruck einfach kennen. Latein kann manche Aussagen so weich und fließend in den Raum schweben lassen. Denn die Übersetzung „Geld stinkt nicht" klingt hart und kantig. Daher wird in den elitären Entscheider-Universen dieser Ausspruch viel lieber genutzt, um auszudrücken, dass die Herkunft von Geld irrelevant ist – Geld bleibt Geld, unabhängig davon, wie es verdient wurde. Man will damit die Neutralität des Geldes betonen. Persönlich finde ich, dass man gut überlegen muss, wie man diesen Ausspruch einsetzt, denn an manchem Geld kleben Blut, Schweiß und Tränen von ausgebauten Menschen, Tieren usw.

---

[21] Bild generiert mit ChatGPT, Details siehe Anhang.

Penny Stocks

Penny Stocks klingen harmlos, bezeichnen aber hochriskante Unternehmensbeteiligungen. Der Begriff umschreibt nämlich Aktien von Unternehmen mit niedrigem Marktwert und niedriger Marktkapitalisierung, die oft zu einem vergleichsweise geringen Preis pro Aktie gehandelt werden. Der Begriff "Penny Stock" stammt ursprünglich aus dem englischsprachigen Raum und bezieht sich auf Aktien, die zu einem **Preis von wenigen Pennys (Cents) pro Aktie gehandelt** werden. Da Penny Stocks oft von Unternehmen stammen, deren finanzielle Lage unsicher sein kann, sind Investitionen in diese Aktien mit höherem Risiko verbunden. Man kann mit solchen Penny Stocks viel Geld gewinnen, aber noch schneller eben auch verlieren.

People Business

People Business beschreibt Geschäftstätigkeiten, bei denen der **Fokus auf zwischenmenschlichen Beziehungen** liegt. Dies umfasst Kundenservice, Mitarbeiterführung, Partnerschaften, Kommunikation usw. Viele Unternehmen verkennen den Impact, der in einer guten Bindung zu den Stake- und Shareholdern liegt. Mittels effektiver Interaktionen und sozialer Kompetenzen kann man einfacher langfristige Erfolg generieren.

Piggy Bank

Wenn Manager ihr **Piggy Bank** füttern, wissen nur wenige, was gemeint ist. Dabei ist die Lösung so einfach. Sie meinen damit das **Sparschwein**. Natürlich nicht die Spardose, die noch in einigen Kinderzimmern steht, sondern hier wird

Geld auf die Seite gelegt, um z. B. künftige Projekte finanzieren zu können.

PIMS-Konzept

PIMS-Konzept, das Akronym von "**P**rofit **I**mpact of **M**arket **S**trategies", analysiert, wie sich **Marketingstrategien auf die Gewinne eines Unternehmens auswirken**. Das PIMS-Konzept verknüpft wichtige Faktoren mit dem finanziellen Erfolg eines Unternehmens. Ursprünglich in den USA entwickelt, stellt die PIMS-Studie eine Verbindung zwischen Schlüsselfaktoren und dem wirtschaftlichen Erfolg her, um Unternehmen bei der strategischen Planung zu unterstützen. Sollte jeder CEO schon mal gehört haben.

Pink Sheets

Pink Sheets ist ein Begriff, der im Zusammenhang mit dem Handel von Aktien angesprochen wird. Die Pink Sheets („**rosa Blätter**") waren ursprünglich auf rosa Papier gedruckte **Listen von Aktienkursen** und Angeboten, die von Maklern und Händlern verwendet wurden, um **Informationen über den außerbörslichen Handel** zu erhalten. Hier handelt es sich vor allem um Aktien von kleineren Unternehmen. Transparenz und Regulierung sind dort geringer, wodurch der Handel riskanter wird. Pink Sheet-Aktien werden oft als "Penny Stocks" (siehe **Penny Stocks**) bezeichnet, weil sie zu niedrigen Preisen gehandelt werden. Dies kann zu stärkeren Preisschwankungen führen. Investoren sollten vorsichtig sein und gründliche Recherchen durchführen, bevor sie in diese Aktien investieren.

Plattformökonomie

Plattformökonomie bezieht sich auf ein Geschäftsmodell, bei dem **digitale Plattformen** eine zentrale Rolle spielen, um den Austausch von Gütern, Dienstleistungen und Informationen zwischen verschiedenen Parteien zu erleichtern. Diese Plattformen **fungieren als Vermittler zwischen Anbietern und Nutzern** und schaffen einen Raum, in dem Transaktionen, Interaktionen und Aktivitäten stattfinden können. Wer einige Beispiele für Plattformunternehmen benötigt, muss nur an Amazon, Uber, Airbnb usw. denken. Die Plattformökonomie hat weitreichende Auswirkungen auf verschiedene Branchen und hat die Art und Weise, wie Geschäfte abgewickelt werden, grundlegend und disruptiv verändert.

Ponzi-System

Das **Ponzi-System**, auch Ponzi-Schema genannt, ist eine betrügerische Anlageform, bei der **Renditen an frühe Investoren aus den Geldern neuer Investoren gezahlt werden, anstatt aus echten Gewinnen.** Dies schafft Vertrauen und lockt weitere Investoren an, obwohl keine tatsächlichen Einnahmen generiert werden. Früher oder später funktioniert dieser „Trick" nicht mehr und der finanzielle Schaden für die Anleger ist meist erheblich. Benannt ist dieses illegale System nach Charles Ponzi, einem Betrüger aus den 1920er Jahren. **Schneeball-System** erkannt?!

Postkorb-Übung

Die **Postkorb-Übung** oder Postkorb-Fallstudie wird im Personalwesen und in der Managemententwicklung genutzt, um die **Fähigkeiten** von Kandidaten **in Zeitmanagement, Priorisierung und Entscheidungsfindung zu bewerten.** Dabei müssen die Aspiranten innerhalb eines vorgegebenen Zeitrahmens eine Vielzahl von Aufgaben, E-Mails und Dokumenten bearbeiten. Diese Übung ermöglicht es Arbeitgebern, die Arbeits- und Denkweise der Teilnehmer zu beurteilen. Sie ist somit hilfreich bei der Auswahl von Führungskräften und bei der Mitarbeiterentwicklung. Also ran an die Post und kräftig üben!

Potemkinsches Dorf

Potemkinsche Dörfer[22] beziehen sich auf eine Kulisse oder eine **Fassade, die nur zum Schein existiert, um andere zu täuschen** oder zu beeindrucken. Die Redewendung geht

---

[22] Bild generiert mit ChatGPT, Details siehe Anhang.

auf eine Legende zurück, in der Grigori Potjomkin falsche Dörfer errichten ließ, um Kaiserin Katharina II (bekannter als Katharina die Große) eine heile und wohlhabende Region vorzutäuschen.

In der Unternehmenswelt kann das Konzept eines Potemkinschen Dorfes metaphorisch verwendet werden, um Situationen zu beschreiben, bei denen Unternehmen oder Führungskräfte oberflächlich oder zum Schein positive Bedingungen oder Fortschritte vortäuschen, während die Realität möglicherweise weniger rosig ist. Es gilt der alte Grundsatz: Vertrauen ist gut, Kontrolle ist besser! Als Top-Entscheider sollten Sie immer hinter die Fassade schauen und sich ein eigenes Bild der Wahrheit verschaffen.

pro domo

Pro domo ist eine lateinische Redewendung, die auf eine Rede von Cicero zurückgeht. In dieser versuchte er sein konfisziertes Haus zurückzubekommen. Damit wird auch die wörtliche Bedeutung „**für das Haus**" nachvollziehbar. Der Ausdruck wird verwendet, um eine Aussage oder **Handlung** zu kennzeichnen, die **im eigenen Interesse** geschieht. Modern genutzt ist die Bedeutung somit "**in eigener Sache**" oder "für sich selbst".

Profitcenter

Profitcenter könnte man eingedeutscht mit **Gewinnzentrum** übersetzen. Hilft nicht wirklich als Erklärung weiter, oder? Hier folgt die Auflösung. Es ist eine **organisatorische Einheit innerhalb eines Unternehmens, die für die Erzielung von Gewinnen verantwortlich ist** und **eigenständig operiert**. Dabei generiert das Profitcenter eigene Kosten und Einnahmen, woraus sich Gewinne bzw. Verluste ergeben. Das Etablieren von Profitcentern gehört mittlerweile zum Standardrepertoire von Leadern, um verschiedene Geschäftsbereiche und deren Leistungskraft individuell zu bewerten, Anreize für die Steigerung der Rentabilität zu schaffen und Ressourcen effizienter zuzuweisen.

Proof of Concept (PoC)

Proof of Concept (PoC) heißt nichts anderes als **Machbarkeitsstudie**. Ein PoC wird typischerweise in einem frühen Stadium eines Projekts durchgeführt, um zu testen, ob eine bestimmte Lösung praktisch umsetzbar ist und die gewünschten (positiven) Ergebnisse liefern kann. Leider nutzt der beste PoC nichts, wenn es nachher anders kommt als vorher gedacht. Aber dieses Dilemma kennt man nicht nur in den Sphären der Entscheider.

Punchline

Punchline bezeichnet einen **prägnanten, entscheidenden Satz oder eine Aussage**, die den Kern z.B. einer Strategie **auf den Punkt bringt**. Sie dient dazu, die Hauptbotschaft klar und pointiert zu vermitteln, sodass sie bei den Beteiligten hängen bleibt. Eine gut platzierte Punchline ist ein mächtiges Management-Tool.

Q

Quick Wins

Quick Wins sind kleine, **schnell umsetzbare Maßnahmen**, die **rasch positive Ergebnisse** und spürbare Verbesserungen erzielen. Weiterhin benötigt man zur Realisierung (üblicherweise) nur geringe Ressourcen und hat eine hohe Erfolgschance. Manchmal ist aber ein Quick Win schlechter, als mit etwas Geduld den richtig großen **Reibach (Gewinn)** zu machen. Aber so zwischendurch leicht und schnell Geld verdienen macht schon Freude, oder nicht?

R

Rabbit-Hole-Effekt

Der **Rabbit-Hole-Effekt** bezeichnet ein Phänomen, bei dem eine Person, nachdem sie auf ein bestimmtes Thema oder eine Idee gestoßen ist, **immer tiefer** in verwandte Inhalte **eintaucht** und dabei oft den **ursprünglichen Ausgangspunkt aus den Augen verliert**.

Der Begriff stammt aus Lewis Carrolls Buch "Alice im Wunderland", in dem die Protagonistin Alice einem Kaninchen in ein Loch folgt und dadurch in eine völlig neue, faszinierende und manchmal verwirrende Welt gelangt. Dies kann problematisch werden, wenn z. B. Mitarbeiter sich in Recherchen verlieren. Der Effekt kann sowohl positive als auch negative Auswirkungen haben. Auf der positiven Seite steht die Möglichkeit, tiefgehende und umfassende Einblicke in ein Thema zu gewinnen und viel zu lernen. Auf der negativen Seite besteht die Gefahr, sich zu verzetteln und viel Zeit mit möglicherweise unnötigen Informationen zu verbringen, was zu Ablenkung und ineffizientem Arbeiten führen kann.

Razor-and-Blade-Modell

Das **Razor-and-Blade-Modell** ist ein Geschäftsmodell bzw. eine Verkaufsstrategie mit zwei Komponenten. Ein **Hauptprodukt** wird **günstig** angeboten, z. B. ein Rasierer oder ein Drucker. Dazu passende **Zusatzprodukte**, wie Klingen oder Tintenpatronen, sind dagegen **teurer**. Der Gewinn entsteht nicht durch das Hauptprodukt, sondern durch die Zusatzprodukte. So wird ein langfristiger Umsatz mit regelmäßigem Bedarf erzeugt.

Readiness

Readiness (dt. **Bereitschaft**) bedeutet für Top-Entscheider die Fähigkeit, das Unternehmen strategisch und operativ erfolgreich zu führen und **auf Veränderungen** oder Chancen in der Geschäftswelt **flexibel zu reagieren**. Dies schließt ein tiefes Verständnis für die Branche, klare Unternehmensziele, kompetente Teams und eine effektive

Kommunikation mit ein. Seien Sie bereit, die anstehenden Herausforderungen zu bewältigen und Entscheidungen zu treffen.

Recruiting

Recruiting, früher als **Personalbeschaffung** bekannt, zielt auf den Prozess des Auffindens und Auswählens der am besten geeigneten Kandidaten für vakante Positionen in einem Unternehmen. Mittlerweile erfolgen Kandidatensuche und Bewerbung vielfach elektronisch, insbesondere über das Internet, weshalb oft auch der Begriff **E-Recruiting** verwendet wird. Aus Unternehmensperspektive besteht generell das Ziel, den zeitlichen und finanziellen Aufwand beim Recruiting möglichst zu minimieren und dennoch die am besten geeignete Person für die Aufgabe zu detektieren.

Rehire-Anytime-Liste

Die **Rehire-Anytime-Liste** ist eine **informelle Liste von Mitarbeitern,** die von einem Unternehmen **als besonders wertvoll** oder herausragend **betrachtet werden**.

Unternehmen können solche Listen führen, um Mitarbeiter zu identifizieren, die das Unternehmen verlassen haben, sei es aufgrund eines Karrierewechsels, einer vorübergehenden Pause oder aus anderen Gründen. Die Aufnahme eines ehemaligen Mitarbeiters in die Rehire-Anytime-Liste bedeutet, dass das Unternehmen bereit wäre, diese Person ohne Vorbehalte oder zusätzliche Überprüfungen wieder einzustellen, wenn eine passende Position verfügbar wird. Häufig wird dies auch dem ausscheidenden

Mitarbeiter klar kommuniziert, denn diese Praxis kann dazu beitragen, eine positive Beziehung zu ehemaligen Mitarbeitern aufrechtzuerhalten. Gut, wenn man selbst draufsteht.

reporten

Wer **Bericht erstatten** muss, hat noch nicht die höchste Sprosse der Karriereleiter erklommen. Wobei auch die Top-Entscheider wieder eine Instanz haben, der gegenüber sie rechenschaftspflichtig und berichtend gegenüberstehen, wie bspw. den Aufsichtsrat o. ä.

rückkoppeln

Rückkoppeln wäre auch gut mit **nochmals über einen Sachverhalt sprechen** formuliert, aber wer will als Führungselite so trivial formulieren. Für Führungskräfte ist das Konzept von Rückkopplung oder **Feedback** von entscheidender Bedeutung, da es ihnen ermöglicht, die Leistung, das Verhalten und die Effektivität ihres Teams oder ihrer Mitarbeiter zu erkennen und zu verbessern. Für Spitzenmanager ist es wichtig, Feedback sowohl zu geben als auch zu erhalten. Der effektive Umgang mit Feedback ist eine Schlüsselkompetenz für ein erfolgreiches Management.

S

Salär

Salär ist ein wunderbarer Begriff mit einer spannenden Herkunft, der wieder en vogue ist. Das Wort "Salär" stammt vom lateinischen "salarium" ab, dass sich wiederum auf das lateinische Wort "sal" (dt. Salz) bezieht. Römische Soldaten (zur Zeit von Cäsar und Co.) erhielten oft einen Teil ihres Lohns in Form von Salz, da dies ein wertvolles Handelsgut war. Heute eine Bezeichnung für das **Gehalt** oder den Lohn, den ein Arbeitnehmer von seinem Arbeitgeber erhält.

Schubkarren-Prinzip

Das **Schubkarren-Prinzip** wird in Bezug auf Low-Performer verwendet. Es soll darlegen, dass diese **Mitarbeiter nur so weit kommen, wie man sie als Führungskraft schiebt**. Eigeninitiative und großes Engagement? Fehlanzeige!

Seeding

Seeding (von engl. to seed, dt. säen) ist eine von Unternehmen immer häufiger genutzte kostengünstige Methode, um **Inhalte**, die Unternehmen platziert wollen, **insbesondere im Internet zu verbreiten.** Dabei werden Texte, Bilder oder Videos gestreut, um die Reichweite und Bekanntheit der Unternehmensbotschaft(en) zu erhöhen. Oft nutzen Unternehmen dafür Influencer, die Inhalte über reichweitenstarke Social-Media-Kanäle wie Facebook, Twitter oder Blogs verbreiten. Der Inhalt muss nützlich sein, damit er viral geht. Seeding wird mittlerweile als Marketingstrategie eingesetzt, um Produkte erfolgreich an die richtige Zielgruppe zu bringen. Wenn die Saat aufgeht, hat das Unternehmen mehr Umsatz, Kunden usw. Tja, Social Media ist überall!

Seed-Phase

Die **Seed-Phase**[23] ist die **allererste Phase eines Start-ups**, in der die Geschäftsideen entwickelt und die Grundlagen für das Unternehmen geschaffen werden. Es wird **die Saat gelegt**. Nicht mehr und nicht weniger. In dieser Phase benötigen Gründer häufig finanzielle Unterstützung, um Ideen zu realisieren und das Unternehmen tatsächlich zu gründen. Die Phase ist entscheidend für den langfristigen Erfolg, da hier die Basis für das zukünftige Wachstum gelegt wird. Ob die Saat aufgeht, zeigt sich wie beim Pflanzen von Rasen erst mit der Zeit. Wobei Ziehen an den jungen

---

[23] Bild generiert mit ChatGPT, Details siehe Anhang.

Trieben das Wachstum meist nicht beschleunigt. Beim Rasen nicht und erst recht nicht bei Unternehmen.

Shirking

Shirking (von engl. to shirk, dt. etwas meiden) bezieht sich auf das absichtliche **Vermeiden** oder Verringern **von Arbeitsaufgaben** durch Mitarbeiter. Einfacher deutscher Begriff dafür wäre **Drückebergerei**. Die Gründe für Shirking können vielfältig sein, etwa mangelnde Motivation, kaum Kontrolle, keine Konsequenzen für Schlechtleistung u. v. m. Als Leader sollte man Shirking identifizieren, um die Produktivität und Effektivität von Mitarbeitern wieder zu fördern und eine positive Arbeitskultur zu schaffen, aber auch, um die fleißigen Mitarbeiter vor den Drückebergern zu schützen.

Shortlist

Die **Shortlist** ist eine **selektive Liste**, die die besten oder **vielversprechendsten Optionen aus einer größeren Anzahl von Auswahlmöglichkeiten** enthält. Sie dient dazu, den Auswahlprozess zu vereinfachen und diejenigen Elemente zu identifizieren, die die weiteren Anforderungen oder Kriterien am besten erfüllen. Immer gut, wenn man z. B. als Bewerber auf der Shortlist ist.

Showstopper

Showstopper sind bei Managern sehr ungern gesehene Gäste. Sie sind das **unerwartete Ereignis**, das eine Geschäftsentscheidung oder -strategie **zum Stillstand bringt**. Das können **gravierende** rechtliche, technische, finanzielle oder weitere **Probleme** sein. Um erfolgreich zu bleiben, ist es unabdingbar, Showstopper idealerweise im Vorfeld zu erkennen und aus dem Weg zu räumen. Oder wie ungeliebte Gäste gar nicht erst einzuladen. Freddie Mercury singt dazu: The Show must go on!

Shrinkflation

Shrinkflation hat vermutlich jeder meiner Leser schon erlebt, kennt aber den Begriff nicht. Na, habe ich recht? Hier kommt die Erklärung. Es handelt sich darum, dass Unternehmen die **Menge** oder Größe eines **Produktes reduzieren, während der Preis steigt** oder gleichbleibt. Ergebnis: Man bekommt weniger fürs Geld, ohne dass man es gleich merkt. Für die Unternehmen bedeutet dies bei überschaubarem Risiko (die meisten Kunden merken es schlicht nicht) höhere Gewinne. Idealerweise bleibt die Verpackungsgröße gleich, so dass Kunden die Verringerung des Inhalts übersehen. Verärgerte Kunden sind zum Glück vergesslich und nicht so konsequent im Verzicht. Auch das verführt Unternehmen dazu, Shrinkflation zu riskieren.

Six Sigma-Methode

Die **Six Sigma-Methode (6σ)** ist eine Qualitätsmanagementmethode, die darauf abzielt, die Qualität von Prozessen durch systematische **Verbesserungen zu maximieren und die Fehlerquote zu minimieren**. Sie wurde in den 1980er Jahren entwickelt. Dabei ist das Vorgehen in fünf Phasen untergliedert: Definieren, Messen, Analysieren, Verbessern und Kontrollieren. Hauptziel ist die Steigerung des Unternehmensergebnisses.

Social Engineering

Social Engineering kommt leider immer häufiger im Führungskosmos vor. Es ist eine perfide Masche, bei der **Angreifer versuchen, Mitarbeiter so zu beeinflussen**, dass diese **vertraulichen Informationen preisgeben** oder bestimmte Aktivitäten durchführen. Dabei setzen die Angreifer auf die Gutgläubigkeit, Routine oder Naivität von Mitarbeitern. Eigentlich denkt man, dass mit Tricks wie Phishing-E-Mails, Anrufen mit falscher Identität usw. kein Einbruch in ein Unternehmen möglich sein sollte, aber so ist es leider nicht. Da hilft nur gesundes Misstrauen und Schulung der Mitarbeiter.

S-O-R-Modell

Das **S-O-R-Modell** (**S**timulus-**O**rganism-**R**esponse) beschreibt, wie äußere Reize (Stimuli) auf einen Organismus

(Menschen) wirken und zu Reaktionen (Responses) führen. Es wird im Marketing verwendet, um das Konsumentenverhalten zu verstehen. Das Modell hilft Top-Entscheidern ihre Marketingstrategien zu optimieren, um gewünschte Konsumentenreaktionen zu erzielen.

Speed Geeking

Speed Geeking ist ein Format, das es ermöglicht, **in kurzer Zeit eine Vielzahl von Themen kompakt zu diskutieren**. Ursprünglich aus der amerikanischen Hackerszene stammend gewinnt es aufgrund seiner Interaktivität zunehmend auch in anderen Branchen an Beliebtheit. Wie geht es? Die Teilnehmer werden in kleine Gruppen (drei bis sechs Personen) aufgeteilt und halten dann Kurzvorträge à vier Minuten, gefolgt von einer Minute für Fragen und Diskussionen. Nach jedem Durchgang rotieren die Teilnehmer oder Vortragenden, um neue Themen zu behandeln. Diese schnellen Präsentationen erfordern eine maximale Verdichtung der Informationen. Die kleinen Gruppen fördern einen intensiven Dialog, was es ermöglicht, in kurzer Zeit eine Vielzahl von Informationen effektiv zu vermitteln und zu verarbeiten. Probieren sie es mal aus!

Sperrminorität

Eine **Sperrminorität** gibt einer Minderheit die Macht, einen Unternehmensbeschluss bei Abstimmungen zu blockieren, besonders wenn dafür qualifizierte Mehrheiten nötig sind. Einfach gesagt ist es die besondere Fähigkeit einer kleinen Gruppe, wichtige Entscheidungen zu stoppen oder zu verhindern, wenn spezielle Mehrheiten gebraucht werden. Diese **kleinen, aber mächtigen Gruppen können** so **bei** wichtigen Abstimmungen ihre Zustimmung verweigern und dadurch Beschlüsse ausbremsen. Solche Minderheitenrechte gibt es bei Abstimmungen in Aktiengesellschaften und GmbHs, wobei die genauen Voraussetzungen je nach Unternehmensform variieren. Eine echte Superkraft und nicht immer schön für die Unternehmensspitze, wo man gerne die Entscheidungen allein trifft!

Suchmaschinenoptimierung

Suchmaschinenoptimierung (engl. Search Engine Optimization, kurz SEO). Damit sind alle Maßnahmen gemeint, die eine Website in den **Suchergebnissen einer Suchmaschine** (z. B. bei Google) **nach oben bringen** sollen, damit sie leichter von Nutzern gefunden wird. In der Praxis bedeutet das etwa, Inhalte so zu gestalten, dass wichtige Schlüsselwörter (Keywords) enthalten sind, die Nutzer eingeben. Beispiel: Ein Onlineshop optimiert seine Produktbeschreibungen mit häufig gesuchten Begriffen, damit die Produkte bei Google-Suchen auf den oberen Plätzen erscheinen und **mehr Besucher** auf die Seite kommen.

Suffizienz

Suffizienz bedeutet **Genügsamkeit oder Ausreichendsein** und bezeichnet die bewusste Beschränkung oder Zurückhaltung (von lat. sufficere, dt. ausreichen) in Bezug auf Ressourcenverbrauch und Aktivitäten, um nachhaltiger und effizienter zu handeln. Dies kann bedeuten, den Einsatz von Ressourcen wie Energie, Materialien oder Arbeit zu reduzieren, um z. B. Kosten zu senken. Suffizienz kann auch ausdrücken, dass man sich auf die wesentlichen Aufgaben und Ziele konzentriert und unnötige oder ineffiziente

Prozesse eliminiert. **Bedürfnisse von Kunden und Stakeholdern** werden dabei **auf effiziente Weise erfüllt, ohne übermäßige Ressourcen zu verwenden**. Ein immer wichtiger werdender Begriff im Schatzkästchen von Managern.

T

Tall-Poppy-Syndrom

Das **Tall-Poppy-Syndrom** ist ein soziokulturelles Phänomen, das aus Australien und Neuseeland den Weg zu uns
gefunden hat. Dort bedeutet „cutting down the tallest
poppy", dass man **die größte Mohnblume abschneiden**
soll. Schon Aristoteles hat für die Mohnblumenzucht emp-
fohlen, die größten Gewächse zurückzuschneiden, damit
alle Blumen in gleicher Größe heranwachsen.

Außerhalb der Floristik beschreibt der Ausdruck die Nei-
gung, **erfolgreiche oder herausragende Personen zu**

kritisieren oder gar zu verspotten, insbesondere wenn ihr Erfolg oder ihre Leistungen als übermäßig angesehen werden. Wie hohe Mohnblumen ragen diese Personen aus der Mittelmäßigkeit heraus und werden somit ein leichtes **Ziel für Kritik oder Neid**. Die (mitteleuropäische) Gesellschaft erwartet, dass erfolgreiche Personen bescheiden bleiben und ihren Erfolg nicht zu offensichtlich zeigen. Personen, die gegen diese Erwartung verstoßen, werden „zurechtgestutzt". Insbesondere in den USA wird das ganz anders gesehen. Dort macht Erfolg sexy und man zeigt, was man hat.

Target Audience

Target Audience ist ein grundlegender Begriff im Business-Slang, insbesondere im Marketing und in der Werbung. Er bezeichnet die spezifische Gruppe von Kunden, die ein Unternehmen ansprechen und erreichen möchte. Die Identifikation und gezielte Ansprache der **Zielgruppe** sind entscheidend für den Erfolg von Marketing- und Werbemaßnahmen. Je besser Unternehmen ihre Target Audience kennen, umso erfolgreicher agieren sie am Markt. Kundenzufriedenheit und Markenbindung inklusive.

Term Sheet

Das **Term Sheet** bezeichnet ein **Eckpunktepapier** und bildet eine Arbeits- und Diskussionsgrundlage, die die wichtigsten Punkte für einen Deal oder Vertrag enthält. Es dient somit als Vorstufe zu einem detaillierten, verbindlichen Vertrag und legt die wichtigsten Punkte fest, über die sich die beteiligten Parteien geeinigt haben.

tertiärer Sektor

Der **tertiäre Sektor** bezieht sich auf alle Dienstleistungen, die private und öffentliche Haushalte in einer Volkswirtschaft erbringen. Der tertiäre Sektor wird auch als **Dienstleistungssektor** bezeichnet. Er gehört neben dem primären Sektor (Urproduktion) und dem sekundären Sektor (Industrie und Gewerbe) zu den drei Wirtschaftssektoren, in die der Arbeitsmarkt aus volkswirtschaftlicher Sicht eingeteilt wird.

thinking under fire

Thinking under fire beschreibt die Fähigkeit, unter Druck und in stressigen Situationen klar zu denken und angemessen zu handeln. Es bezieht sich auf die Fähigkeit, **unter Stress** oder in kritischen Momenten **ruhig und rational** zu bleiben, um kluge Entscheidungen zu treffen. Ein Skill, den man als Topmanager unbedingt haben und trainieren sollte.

Timeboxing

Timeboxing ist eine Zeitmanagement-Methode, bei der Sie für jede Aufgabe ein **festes Zeitfenster** – eine sogenannte **Timebox** – einplanen. Indem Sie klare Zeitlimits setzen, fördert Timeboxing fokussiertes Arbeiten. Dabei wird für jede Aufgabe ein fester Zeitraum im Kalender eingeplant – zum Beispiel „Bericht schreiben von 10 bis 11 Uhr". Das hilft bei der Prioritätensetzung und beugt dem Aufschieben, d. h. der Prokrastination vor. Diese Methode wird häufig im agilen Projektmanagement eingesetzt.

Total Quality Management (TQM)

Total Quality Management (TQM) konzentriert sich darauf, die **Qualität in allen Aspekten einer Organisation zu verbessern.** Kernprinzipien sind Kundenorientierung, kontinuierliche Verbesserung, Prozessorientierung, Mitarbeiterbeteiligung, Führung und Unterstützung sowie Messung und Analyse. Durch die Implementierung von TQM strebt eine Organisation nach hoher Qualität, Effizienz und Kundenzufriedenheit. Aus dem heutigen Instrumentenkasten einer Führungskraft nicht mehr wegzudenken.

U

unique

Unique ist der moderne Begriff für **einmalig**. Vor einigen Jahrzehnten hätte Hans Rosenthal gerufen: „Sie sind der Meinung, das war … Spitze!". Heute nutzen Topmanager den Ausdruck, um das **Alleinstellungsmerkmal des Unternehmens**, einer Sparte, eines Produkts etc. zu bezeichnen.

Unter Druck entstehen Diamanten

Unter Druck entstehen Diamanten[24] ist eine Redewendung, die ausdrückt: **Herausforderungen, Stress oder Krisen** können **außergewöhnliche Leistungen, Wachstum und Stärke** hervorbringen – so wie echter Diamant nur durch enormen Druck aus Kohlenstoff entsteht. Im Management bedeutet das: Führungspersönlichkeiten und Teams wachsen oft gerade in Phasen hoher Belastung – etwa bei Umbrüchen, Krisen oder strategischen Entscheidungen. Druck bringt Klarheit, zwingt zur Fokussierung und fördert kreative Lösungen. Druck ist nicht nur Risiko, sondern auch Chance – gut gemanagt, kann er Potenziale freilegen, die unter Normalbedingungen verborgen bleiben.

---

[24] Bild generiert mit ChatGPT, Details siehe Anhang.

Up Selling

Up Selling ist eine Verkaufsstrategie, bei der Kunden dazu angeregt werden, anstelle des ursprünglich ausgewählten Produkts eine **höherwertige oder teurere Variante** zu wählen. Ziel ist es, den Umsatz zu steigern und dem Kunden ein Produkt mit mehr Nutzen zu bieten. Noch nicht genau verstanden? Hier ein Beispiel, das jeder versteht. Ein Kunde interessiert sich für ein Smartphone mit 64 GB Speicher. Der Verkäufer empfiehlt ihm das Modell mit 128 GB – es kostet mehr, bietet aber mehr Speicherplatz und ist dadurch langfristig die bessere Wahl. Der Kunde entscheidet sich für die höherwertige Version, weil sie besser zu seinen künftigen Anforderungen passt. Doch wie immer gilt es, dem Kunden den größeren Mehrwert und die Vorteile des höherwertigen Produkts nachvollziehbar zu vermitteln.

Urban Farming

Urban Farming kommt immer mehr in Städten zum Vorschein. Einerseits gibt es gewerbliche Interessen durch innovative CEOs, die Marktchancen erkennen, andererseits gibt es auch viele private Initiativen für den Anbau von Lebensmitteln in städtischen Gebieten. Was ist also Urban Farming konkret? Dabei werden Flächen wie **Dächer, Balkone** oder brachliegende Grundstücke **genutzt, um Obst, Gemüse und Kräuter anzubauen.** Ziel ist es, die Versorgung mit frischen, in der Stadt produzierten Lebensmitteln zu verbessern, aber eben auch die Städte zu begrünen und Hitzebarrieren zu schaffen.

V

Valoren

Der Ausdruck kann verwendet werden, um sämtliche **Objekte** zu beschreiben, die einen gewissen **Wert repräsentieren**. In die Valoren-Kategorie fallen Gegenstände wie Kunstwerke, Edelmetalle, Bargeldmittel sowie Aktien.

Venture Capital

Venture Capital (VC) ist eine Form der **Finanzierung**, bei der Investoren (Risikokapitalgeber) Geld in junge, innovative **Unternehmen investieren, die hohes Wachstumspotenzial**, aber auch ein **hohes Risiko aufweisen**. Venture steht dabei für **Wagnis**. Also nichts für Angsthasen und schwache Nerven. VC wird in der Regel in der Start-up-Phase eines Unternehmens eingekippt, um die Innovationskraft zu fördern und die Entwicklung neuer Produkte oder Technologien zu unterstützen. Dabei sind es üblicherweise keine altruistischen Geldgeber, sondern für ihr Geld erhalten die Investoren Unternehmensanteile und somit eine Beteiligung am zukünftigen Erfolg. Tritt dieser nicht ein, und das kommt recht häufig vor, ist das Geld weg. Kommt ein Unternehmen aber „ins Fliegen" (wird sehr erfolgreich), kann der Investor traumhafte Renditen erzielen. Eine einfache Möglichkeit, den Prozess von VC-Verhandlungen mitzuerleben, bietet das TV-Format „Die Höhle der Löwen".[25]

---

[25] Vgl. Vox, Die Höhle der Löwen, https://www.vox.de/cms/sendungen/die-hoehle-der-loewen.html.

Verbalinjurien

Verbalinjurien sind **beleidigende** oder verletzende **Äußerungen**, die mündlich oder schriftlich gemacht werden. Ein Begriff, der in Bezug auf Unternehmen, aber auch in Firmen selbst wieder Konjunktur bekommt. Verbalinjurien können verschiedene Formen annehmen, darunter Schimpfwörter, abfällige Bemerkungen, Herabsetzungen oder Drohungen.

viele Hände, schnelles Ende

Viele Hände, schnelles Ende bedeutet, dass eine Aufgabe schneller erledigt wird, wenn mehrere Personen daran arbeiten. Mal ein prägnanter Ausdruck für die Vorteile von **Teamwork**, der ganz ohne Englisch auskommt. Wenn die Zeit drängt, ist dies oft die letzte Lösung, um noch erfolgreich fertig zu werden. Doch Vorsicht! Viele Köche können den Brei auch verderben. Ein guter Manager muss das im Blick halten.

Visibilität

Visibilität bezieht sich auf die **Sichtbarkeit** oder das Maß, in dem etwas **wahrgenommen** oder bemerkt wird. Der Ausdruck kann je nach Kontext unterschiedlich verstanden werden. Allgemein bezeichnet Visibilität im Unternehmen, wie bekannt und erkennbar eine Person, ein Projekt, eine Sparte usw. innerhalb der Firma ist. Besonders im Bereich Marketing und speziell im Segment Werbung ist damit gemeint, wie oft bzw. gut z. B. ein Produkt, eine Marke etc. von seiner Target Audience (siehe **Target Audience**) registriert und wahrgenommen wird. Je höher Ihre eigene

Visibilität bei Ihrer Führungskraft ist, desto leichter erhalten Sie Budget für Projekte und persönliche Aufstiegsmöglichkeiten. Nicht verkennen sollte man auch den Effekt, dass wenn z. B. ein Projekt höchste Visibilität im Topmanagement hat, man sich besonders anstrengen sollte, gut zu performen, denn bei solchen Aufgaben schaut man aus der Chefetage noch genauer hin als sonst.

vollkommene Konkurrenz

Vollkommene Konkurrenz (auch vollständiger Wettbewerb genannt) ist (leider) eine **theoretische Marktform in der Ökonomie.** Merkmale sind viele Verkäufer und Käufer, identische Produkte, freier Marktzugang und -austritt, vollständige Markttransparenz und keine Marktmacht der Teilnehmer. Der Preis wird ausschließlich durch Angebot und Nachfrage bestimmt. Alle Marktteilnehmer handeln rational und streben nach Nutzen- bzw. Gewinnmaximierung. Jetzt wird klar, warum es nur ein vereinfachtes Modell darstellt, aber in der Realität nicht zu finden ist.

Vorwärts- vs. Rückwärtsintegration

Vorwärtsintegration bezeichnet die Strategie eines Unternehmens, sich entlang der Wertschöpfungskette nach vorne zu bewegen, indem es die **Kontrolle über die Vertriebs- oder Verkaufsstufen der eigenen Produkte oder Dienstleistungen übernimmt.** Dadurch versucht das Unternehmen, näher an den Endkunden zu gelangen oder einen direkteren Zugang zu den Absatzmärkten zu schaffen. Ein Beispiel für Vorwärtsintegration ist ein Hersteller, der sich entscheidet, eigene Einzelhandelsgeschäfte zu eröffnen, um seine Produkte direkt an die Verbraucher zu verkaufen, anstatt sie über unabhängige Einzelhändler zu vertreiben. So geht z. B. Tesla vor. Das Unternehmen eröffnet mit den Tesla Stores eigene Verkaufsstellen, anstatt die Fahrzeuge über unabhängige Händler in Autohäusern zu vertreiben.

Rückwärtsintegration ist die Strategie eines Unternehmens, sich entlang der Wertschöpfungskette nach hinten zu bewegen, indem es die **Kontrolle über die Lieferanten oder Produktionsstufen seiner Produkte oder Dienstleistungen übernimmt.** Dadurch versucht das Unternehmen, seine Abhängigkeit von externen Lieferanten zu verringern, Kosten zu senken, die Qualität zu verbessern und seinen Einfluss auf die Produktionsprozesse zu erhöhen. Ein Beispiel für Rückwärtsintegration ist ein Einzelhändler, der beschließt, sich in der Produktion von eigenen Markenprodukten zu engagieren, anstatt sie von externen Lieferanten zu beziehen. Dadurch kann das Unternehmen die Kontrolle über die Produktqualität, die Produktionskosten und die Verfügbarkeit sicherstellen. Wem das zu kompliziert ist, rate ich bei einem Discounter wie z. B. Lidl zu schauen, welche Eigenmarken dort im Regal stehen.

W

Wallet

Wallet steht eingedeutscht für **digitale Geldbörse** oder Brieftasche. Immer mehr Menschen und insbesondere Entscheider zahlen nicht mehr bar oder mit Kreditkarte, sondern nutzen Mobiltelefon, Smartwatch, Smartring etc., um kontaktlos zu zahlen. Im Übrigen ist hier Deutschland eher Entwicklungsland. In vielen anderen Staaten laufen (fast) alle Zahlungsprozesse digital aus dem Wallet. Probieren Sie es aus. Zum Beispiel sind einige Supermärkte in Deutschland mittlerweile auf kontaktloses Zahlen über das Mobiltelefon/Wallet umgestellt.

Watchlist

Die **Watchlist** ist eine **Liste von Themen**, Projekten u. ä., die von Führungskräften **aktiv beobachtet** und **überwacht** werden. Eine Watchlist hilft Managern, wichtige Aspekte ihres Verantwortungsbereichs im Blick zu behalten und sicherzustellen, dass keine wichtigen Entwicklungen oder Probleme übersehen werden.

We need (to find) a smoking gun

We need (to find) a smoking gun stammt aus dem Englischen und wird metaphorisch verwendet, um zu sagen, dass man einen klaren, unumstößlichen Beweis für etwas finden muss. Im ursprünglichen Wortsinn bezieht sich die "smoking gun" (dt. rauchende Pistole) auf eine Waffe, die noch raucht und somit direkt mit einem kürzlich geschehenen Verbrechen in Verbindung gebracht werden kann, was ihre Rolle als Beweis eindeutig macht. Führungskräfte verstehen darunter, dass nach einem **eindeutigen Beweis** oder einer entscheidenden Information gesucht wird, **um ein Problem**, eine Krise oder eine unklare Situation zu klären oder **zu lösen.**

weißer Elefant

Nein, wir sind nicht im Zoo. In der Welt der Business-Sprache bezeichnet der Begriff **Weißer Elefant**[26] etwas, das **teuer in der Anschaffung oder im Unterhalt** ist, aber **wenig**

---

[26] Bild generiert mit ChatGPT, Details siehe Anhang.

Nutzen oder sogar Probleme verursacht. Heute wird der Ausdruck genutzt, um teure oder aufwendige Projekte, Anschaffungen oder Investitionen zu beschreiben, die zwar imposant oder beeindruckend sein können, aber letztendlich wenig oder keinen Nutzen bringen und (große) finanzielle Belastungen verursachen. Ich bin gespannt, ob Ihnen in Ihrem Umfeld nach dieser Erklärung der eine oder andere weiße Elefant auffällt.

Wer einen Hammer in der Hand hält, sieht nur noch Nägel

Ein Phänomen, das auch **Law of the Instrument** genannt wird und das mich immer wieder fasziniert. Es ist auf allen Hierarchieebenen von Unternehmen zu beobachten (und nicht nur dort). Die Redewendung weist darauf hin, dass Menschen dazu neigen, **Probleme stets mit denselben Mitteln oder Methoden anzugehen, die ihnen bereits vertraut sind**. Dabei werden innovative Ideen oft nicht in Erwägung gezogen, denn man hat in der Vergangenheit mit dem **Hammer-und-Nagel-Prinzip**[27] Erfolg gehabt. Mein Tipp: Auch mal Neues ausprobieren! Andere und neue Lösungen können auf den zweiten Blick unglaublich kreativ und innovativ sein.

---

[27] Bild generiert mit ChatGPT, Details sieh Anhang.

WOOP-Methode

WOOP steht als Abkürzung für die Begriffe **W**ish (Wunsch), **O**utcome (Ergebnis), **O**bstacle (Hindernis) und **P**lan. In der WOOP-Methode geht es darum, einen klaren Wunsch zu formulieren, der ein spezifisches Ergebnis herbeiführen soll. Anschließend reflektiert man über die möglichen Hindernisse, die diesem Wunsch im Weg stehen könnten, und entwickelt einen Plan, um diese Hindernisse zu überwinden. Heute schon gewoopt?!

Wording

Wording meint die **Art und Weise, wie etwas formuliert** wird, um eine bestimmte Botschaft, Aussage etc. klar zu kommunizieren. Wording umfasst dabei sowohl die schriftliche als auch die mündliche Kommunikation. Ein gutes Wording z. B. gegenüber Kunden ist entscheidend, um diese passgenau zu erreichen und eine positive Interaktion herzustellen. Nicht selten öffnet ein gutes Wording die ersten Türen im Verkaufsprozess.

Workation

Workation setzt sich zusammen aus den Wörtern "Work" (dt. Arbeit) und "Vacation" (dt. Urlaub). Noch nie gehört? Warten Sie mal ab, bis Sie die Erklärung gelesen haben. Dann werden Sie erkennen, dass Ihnen das Verhalten bekannt vorkommt. Es beschreibt nämlich **Arbeit mit Urlaub bzw. Urlaubsumgebung zu verbinden.** Mitarbeiter arbeiten via Laptop und Internet von irgendwo auf der Welt und erledigen berufliche Aufgaben, während sie gleichzeitig in einem schönen Land Urlaub genießen. **Work-Life-Balance**

in Sicht, und die Annehmlichkeiten einer schönen Umgebung mit Arbeit verbunden. Klingt fast zu perfekt, um wahr zu sein.

X, Y, Z

X-Y-Theorie

Die **X-Y-Theorie** ist eine Führungstheorie, die von dem Sozialpsychologen Douglas McGregor in den 1960er Jahren entwickelt wurde. Diese Theorie beschreibt zwei unterschiedliche Sichtweisen auf die menschliche Natur und das Verhalten am Arbeitsplatz. McGregor unterteilte diese Sichtweisen in die Theorie X und die Theorie Y, um die unterschiedlichen Annahmen über Mitarbeiterverhalten und Führung zu verdeutlichen. Die X-Y-Theorie spiegelt unterschiedliche **Führungsansätze** wider und beeinflusst, wie Führungskräfte ihre Teams führen.

Die **Theorie X** geht von einer negativen Sicht auf die menschliche Natur aus und postuliert, dass **Mitarbeiter** im Allgemeinen wenig Interesse an Arbeit haben, Arbeit vermeiden, wenn sie können, und **von Natur aus faul** sind. Diese Annahme führt zu dem Gedanken, dass Mitarbeiter streng überwacht, kontrolliert und mit Strafen motiviert werden müssen, um Produktivität zu erreichen. Autoritäre Führung, Mikromanagement und klare Anweisungen werden als notwendig erachtet, um Mitarbeiter in Schach zu halten.

Im Gegensatz dazu betrachtet die **Theorie Y** die menschliche Natur positiver und geht davon aus, dass **Menschen von Natur aus motiviert** sind, Arbeit zu leisten und Verantwortung zu übernehmen. Mitarbeiter werden als intrinsisch motiviert angesehen und suchen nach kreativen Möglichkeiten, um zur Erreichung von Zielen beizutragen.

Führungskräfte sollten ein offenes Kommunikationsklima fördern, Mitarbeiter ermutigen, ihre Fähigkeiten einzusetzen, und ihnen die Möglichkeit geben, ihre eigenen Entscheidungen zu treffen.

Die Theorie X neigt dazu, **autoritäre und kontrollierende Führungsmethoden** zu verwenden, während die Theorie Y auf **partizipative, unterstützende und teamorientierte Führung** setzt. Es ist jedoch wichtig zu wissen, dass bereits McGregor die Theorie X und die Theorie Y nicht als rein binäre Kategorien betrachtete, sondern als Modelle, um verschiedene Führungsstile und -ansätze zu erklären und zu verstehen. Ein einfacher Gedanke der sich bei genauerer Betrachtung als sehr komplex erweist.

XYZ-Analyse

Die **XYZ-Analyse** ist eine Methode zur **Klassifizierung von Materialien oder Produkten** in der Bestandsführung und im Lagerwesen. Sie hilft Unternehmen dabei, ihre Bestände besser zu verwalten und die Nachfrageprognose zu optimieren. Im Wesentlichen erfolgt die Einteilung in folgende Klassen.

X-Güter: Diese Güter haben eine konstante und gut vorhersehbare Nachfrage. Sie werden regelmäßig und in gleichmäßigen Mengen benötigt.

Y-Güter: Diese Güter haben eine schwankende, aber noch vorhersagbare Nachfrage, oft abhängig von saisonalen oder konjunkturellen Schwankungen.

Z-Güter: Diese Güter haben eine unregelmäßige und schwer vorhersagbare Nachfrage. Sie sind am schwierigsten zu planen und zu managen.

Die XYZ-Analyse ergänzt oft die ABC-Analyse, um eine umfassendere Bestandsstrategie zu entwickeln.

you name it

You name it meint: Wieso hatte nicht ich diese grandiose Idee? Es kann aber auch so eingesetzt werden, dass man damit zum Ausdruck bringt, wie sehr man mit der Auffassung etwa des Vorgesetzten übereinstimmt. Die Bedeutung lautet dann: **Ich bin ganz ihrer Meinung** oder **Sie sagen es.**

Anhang

Verzeichnis der generierten Bilder

Cover-Bild: Generiert mit ChatGPT, GPT-4o, Prompt: Generiere bitte ein Bild, das folgende Tiere zeigt: Taube, Falke, Braunbär, Stier, weißer Elefant, fetter Gorilla. Alle Tiere sollen auf die linke Seite des Bildes schauen. Im Hintergrund soll ein Business-Context mit Schreibtisch gezeigt werden. Die Tiere sollen Business-Kleidung tragen.

Big-Mac-Index: Bild generiert mit ChatGPT, GPT-4o, Prompt: Generiere eine Grafik, die den Big-Mac-Index erläutert. 04.05.2025.

Bulle und Bär: Bild generiert mit ChatGPT, GPT-4o, Prompt: Generiere eine Grafik mit einem Stier und einem Bären. Der Stier soll die Hörner nach oben halten. Der Bär soll eine Pranke nach oben halten. Zwischen Stier und Bär sollen Bündel von Geldscheinen und Münzen liegen. 04.05.2025.

Clean Desk: Bild generiert mit ChatGPT, GPT-4o, Prompt: Generiere eine Grafik mit einem "Clean Desk". Also ein aufgeräumter und sehr übersichtlicher Schreibtisch. Mache es im Stil eines Managers, der einen klaren Blick braucht und damit auch einen geordneten Schreibtisch. E sollen keine Notizen oder Bücher geöffnet herumliegen. 04.05.2025.

Genießt die Party, aber tanzt in der Nähe der Tür: Bild generiert mit ChatGPT, GPT-4o, Prompt: Bitte ein Bild generieren zu: „Genießt die Party, aber tanzt in der Nähe der Tür". Börsenspruch. Banker und Frauen tanzen, aber haben immer einen Notausgang in der Nähe. Von der Decke sollen Aktien wie Blätter herabfallen. Die Stimmung ist heiter, aber konzentriert. 04.05.2025.

Gorilla 800: Bild generiert mit ChatGPT, GPT-4o, Prompt: Generiere bitte ein Bild mit einem Gorilla im Business-Anzug. Er soll freundlich, aber selbstbewusst schauen. Er soll auf einer Waage stehen, und diese soll 800 Pfund Gewicht anzeigen. Er soll satt aussehen. Er soll sich mit den Fäusten auf die Brust schlagen und ein Grinsen im Gesicht haben. 04.05.2025.

hawkish vs. dovish: Bild generiert mit ChatGPT, GPT-4o, Prompt: Generiere bitte ein Bild mit einer Taube und einem Falken. Die Taube soll vorsichtig schauen. Sie soll einen Schutzhelm und eine Rettungsweste tragen. Der Falke soll aggressiv und entschlossen wirken. Er soll einen spitzen Pfeil im Schnabel tragen und auf die Taube zufliegen. Das Ganze soll in einem CEO-Büro stattfinden. 04.05.2025.

kannibalisieren: Bild generiert mit ChatGPT, GPT-4o, Prompt: Generiere ein Bild, das den Ausdruck „kannibalisieren" veranschaulicht. Es soll ein Kochtopf zu sehen sein. In diesem rührt ein Manager mit knallrotem Anzug mit einem Kochlöffel aus Geldscheinen. Auf dem Topf soll ein Symbol für toxisch zu sehen sein. Vielleicht ein Totenkopf oder Biohazard. um den Topf herum sollen alte und neue Produkte liegen. Zum Beispiel Telefone, TV-Geräte etc. In einem Auge des Managers soll ein Dollar-Zeichen zu sehen sein. Im anderen Auge eine Spirale wie unter Hypnose. 04.05.2025.

Market for Lemons: Bild generiert mit ChatGPT, GPT-4o, Prompt: Bitte erstelle ein Bild, das symbolisch für den Market of Lemons steht. Zeige Käufer, aber auch Verkäufer, die nicht wissen, welche Zitronen die besten sind. Verstecke wie in einem Wimmelbild einige faule Zitronen im Bild. Lass Geldscheine als Wolken am Himmel aufziehen. Dazwischen fliegen Vögel aus Zitronenschalen und mit einem Dollar-Zeichen auf dem Bauch. Manche Vögel fliegen hoch, und andere trudeln wie bei einem Absturz. 04.05.2025.

monetarisieren: Bild generiert mit ChatGPT, GPT-4o, Prompt: Zeige eine Gruppe von Männern und Frauen in Business-Kleidung. Sie sollen Ideen und Immobilien zu Geld machen. Monetarisieren ist der Begriff. Zeige sie, wie sie die Immobilien in Säcke mit Geld verwandeln. Lass Fragezeichen wie Vögel durch die Luft fliegen. Das Ganze spielt in einer hochpreisigen Gegend mit Luxusimmobilien. 04.05.2025.

pecunia non olet: Bild generiert mit ChatGPT, GPT-4o, Prompt: Generiere ein Bild zum Ausdruck "pecunia non olet". Bitte erstelle ein Bild, das symbolisch dafür in der Ökonomie steht. Achte darauf, dass man Männer und Frauen ohne Ekel an einem Misthaufen aus Geld schnuppern sieht. Die Menschen sollten hübsch angezogen sein, aber dreckige Gummistiefel tragen. 04.05.2025.

Potemkinsches Dorf: Bild generiert mit ChatGPT, GPT-4o, Prompt: Generiere bitte ein Bild mit Potemkinschen

Dörfern. Mache damit deutlich, dass eine Fassade oft nur zum Schein existiert, um andere zu täuschen. Stelle in dem Bild ein Ortschild mit der Aufschrift "Potemkinsches Dorf" auf. 05.05.2025.

Rabbit-Hole-Effekt: Bild generiert mit ChatGPT, GPT-4o, Prompt: Generiere bitte ein Bild, das den Rabbit-Hole-Effekt zum Ausdruck bringt. Dabei geht es darum, dass eine Person, nachdem sie auf ein bestimmtes Thema oder Idee gestoßen ist, immer tiefer in verwandte Inhalte eintaucht und dabei oft den ursprünglichen Ausgangspunkt aus den Augen verliert. Der Begriff stammt aus dem Buch von Lewis Caroll "Alice im Wunderland". In der Unternehmenswelt kann das problematisch werden, wenn Mitarbeiter sich in Recherchen verlieren. Verstecke ein Kaninchen im Bild. 05.05.2025.

Seed-Phase: Bild generiert mit ChatGPT, GPT-4o, Prompt: Generiere ein Bild, das die Seed-Phase erklären soll. Also die allererste Phase eines Start-ups, in der die Geschäftsidee entwickelt und die Grundlagen für das Unternehmen geschaffen werden. Zeige beide Möglichkeiten. Einmal, dass die Saat aufgeht. Aber auch, dass eine Saat verkümmert und ohne Ertrag bleibt. 05.05.2025.

Unter Druck entstehen Diamanten: Bild generiert mit ChatGPT, GPT-4o, Prompt: Generiere bitte ein Bild, auf dem in der Mitte ein funkelnder, großer, geschliffener Diamant zu sehen ist. Der Diamant glänzt und strahlt Licht aus. Außen herum liegen Kohlestücke und Briketts. Im Hintergrund sind Pressen und Stanzmaschinen zu sehen, die arbeiten und qualmen, 05.05.2025.

We need (to find) a smoking gun: Bild generiert mit Chat-GPT, GPT-4o, Prompt: Generiere ein Bild. Darauf soll eine rauchende Pistole zu sehen sein. Zeige dies metaphorisch in der Business-Welt. Dabei versteht man darunter die Suche nach einem eindeutigen Beweis, um ein Problem zu lösen. 05.05.2025.

weißer Elefant: Bild generiert mit ChatGPT, GPT-4o, Prompt: Generiere ein Bild. Dabei soll ein weißer Elefant zu sehen sein. Er soll metaphorisch dafür stehen, dass etwas teuer ist in der Anschaffung oder im Unterhalt ist, aber wenig Nutzen bringt oder sogar Probleme verursacht. Steht für teure Projekte, die imposant sind, aber fast keinen Nutzen bringen. Zeige einen weißen Elefanten, der in einem Unternehmen wie in einer Manage steht und laut trötet. 05.05.2025.

Wer einen Hammer in der Hand hält, sieht nur noch Nägel: Bild generiert mit ChatGPT, GPT-4o, Prompt: Generiere ein Bild. Dabei soll es darum gehen, dass, wer einen Hammer in der Hand hält, nur noch Nägel sieht. Zeige einen Bauarbeiter im schicken Anzug. Er haut mit einem großen Hammer auf eine Idee. Symbolisiere diese mit einer leuchtenden Glühbirne. Lass um ihn herum Fragezeichen, ganz viele Nägel aber auch Schrauben, Schlüssel usw. fliegen. Zeige die Birne so, dass sie in der Wand steckt und den Menschen realistisch, wie auf einem Foto. 05.05.2025.